Silenziose Risonanze: L'Odissea dell'Introverso nella Società Contemporanea

Decifrare la Potenza dell'Introspezione: Dalla Storia alla Tecnologia, un'Analisi Dettagliata degli Introversi e del Loro Impatto nel Mondo Moderno.

Danilo Entrace

1. **Definizione di Introversi ed Estroversi**: Spiegazione delle caratteristiche principali di ciascuno.

2. **Storia della Valorizzazione dell'Estroversione**: Come la società occidentale ha iniziato a favorire gli estroversi.

3. **Mitologia dell'Estroverso Ideale**: L'idea che per avere successo, bisogna essere socievoli e parlare in pubblico con facilità.

4. **Scienza dell'Introverso**: Ricerche sul cervello e sulla genetica che spiegano la natura dell'introverso.

5. **Miti sugli Introversi**: Sfatare idee errate come "gli introversi sono timidi" o "non possono essere leader".

6. **Potere Silenzioso**: Esempi di leader introvertiti e il loro impatto nel mondo.

7. **L'ambiente di Lavoro Ideale**: Come gli spazi possono essere progettati per favorire sia introvertiti che estroversi.

8. **Educare Introversi**: Sfide e opportunità nel sistema educativo attuale.

9. **Tecniche per gli Introversi**: Strategie per prosperare in un mondo estroverso.

20.   **Futuro degli Introversi**: Prospettive sul ruolo crescente degli introvertiti nella società del futuro.

1. Definizione di Introversi ed Estroversi: Spiegazione delle caratteristiche principali di ciascuno.

Definizione di Introversi ed Estroversi

Introversi: Gli introversi sono individui che tendono a sentirsi più a loro agio e carichi di energia in situazioni solitarie o in piccoli gruppi. Essi traggono energia da momenti di introspezione e riflessione e possono sentirsi drenati dopo lunghe interazioni sociali. Non significa necessariamente che siano timidi; la timidezza è una paura delle situazioni sociali, mentre l'introverso può semplicemente preferire situazioni meno stimolanti. Ecco alcune delle principali caratteristiche degli introversi:

- **Riflessivi**: Gli introversi spesso riflettono prima di parlare.

- **Ascoltatori**: Sono spesso ottimi ascoltatori e tendono a elaborare l'informazione più profondamente.

- **Profondità piuttosto che larghezza**: Gli introversi potrebbero avere meno amicizie, ma queste tendono ad essere più profonde e significative.

- **Preferenza per le attività solitarie**: Come leggere, scrivere, o lavorare su progetti personali.

- **Sensibilità agli stimoli esterni**: Gli introversi possono essere facilmente sopraffatti da rumori forti, grandi folle o interazioni prolungate.

Estroversi: Gli estroversi sono l'opposto degli introversi in termini di dove traggono la loro energia. Essi si sentono ricaricati e vivaci in situazioni sociali e possono sentirsi depressi o svuotati quando sono soli per troppo tempo. Ecco alcune delle principali caratteristiche degli estroversi:

- **Sociali**: Gli estroversi amano interagire con le persone e spesso cercano attivamente interazioni sociali.

- **Parlano per pensare**: A differenza degli introversi che pensano prima di parlare, gli estroversi spesso elaborano i loro pensieri parlando.

- **Amano le grandi folle**: Si sentono a casa in grandi gruppi o eventi sociali.

- **Ricerca di stimolazione**: Gli estroversi possono cercare attivamente nuove esperienze e stimoli.

- **Orientati all'azione**: Tendono ad essere proattivi e ad agire piuttosto che riflettere.

È importante notare che l'introversione e l'estroversione sono su un continuum, il che significa che molte persone si trovano da qualche parte nel mezzo, a volte riferite come "ambiverti". Inoltre, le persone possono mostrare tratti sia di introversione che di estroversione a seconda del contesto. Ad esempio, qualcuno potrebbe essere estroverso in situazioni lavorative ma introverso in contesti sociali. La chiave è capire che nessuno dei due tratti è "migliore" o "peggiore" dell'altro; entrambi hanno i loro punti di forza e debolezze.

L'introversione ed estroversione sono dimensioni della personalità che hanno attratto l'attenzione di psicologi e ricercatori per oltre un secolo. La comprensione di questi tratti non riguarda solo come una persona si comporta in situazioni sociali, ma tocca anche molti aspetti del comportamento umano, della neurobiologia e delle interazioni quotidiane.

Origini Biologiche:

Recenti ricerche neuroscientifiche suggeriscono che le differenze tra introversi ed estroversi possono avere radici biologiche. Gli introversi, per esempio, tendono ad avere una maggiore attività nel lobo frontale del cervello, una regione associata alla pianificazione, alla soluzione dei problemi e al focus. Questo potrebbe spiegare perché gli introversi riflettono di più e sono più orientati ai dettagli.

Gli estroversi, d'altro canto, mostrano una maggiore attività nelle regioni del cervello coinvolte nel processamento delle ricompense e nella ricerca di nuovi stimoli. Ciò può spiegare perché sono spesso alla ricerca di nuove esperienze e si sentono eccitati in situazioni sociali.

Inoltre, gli introversi hanno mostrato di avere una maggiore sensibilità alla dopamina, un neurotrasmettitore associato al piacere e alla ricompensa. Ciò potrebbe indicare che non hanno bisogno di cercare attivamente stimoli esterni per sentirsi soddisfatti, a differenza degli estroversi che ricercano costantemente nuovi stimoli.

Ruolo dell'Ambiente:

Sebbene ci siano chiare predisposizioni biologiche, l'ambiente gioca un ruolo fondamentale nella modulazione di questi tratti. Le esperienze vissute durante l'infanzia, ad esempio, possono influenzare il grado di introversione o estroversione di un individuo. Un bambino che è cresciuto in un ambiente super protettivo o isolato potrebbe sviluppare tendenze introverse, non necessariamente perché è biologicamente predisposto, ma a causa delle sue esperienze.

Allo stesso modo, un bambino che viene incoraggiato a socializzare e ad esplorare costantemente il mondo esterno potrebbe sviluppare tratti estroversi. Questo non significa che l'ambiente determini completamente se qualcuno diventerà introverso o estroverso, ma può sicuramente influenzare la manifestazione di questi tratti.

Flessibilità del Comportamento:

Un altro aspetto importante da considerare è che l'introversione ed estroversione non sono fissi. Mentre la maggior parte delle persone ha una tendenza di base verso uno di questi tratti, il comportamento può cambiare a seconda delle circostanze. Una persona che è generalmente introversa potrebbe diventare estremamente socievole e parlante in un ambiente familiare o quando discute di un argomento che le sta a cuore.

Questo fenomeno, spesso definito "introversione situazionale", evidenzia il fatto che le persone non sono limitate dai loro tratti di base. Infatti, è comune per molte persone identificarsi come "ambiverte", indicando che possono oscillare tra comportamenti introvertiti ed estrovertiti a seconda della situazione.

Cultural Influences:

Le culture variano nella loro valorizzazione dell'introversione ed estroversione. Mentre la cultura occidentale, in particolare quella americana, tende a valorizzare l'estroversione e vede la sociabilità come una chiave per il successo, altre culture, come quelle asiatiche, possono valorizzare di più la riflessività e la riservatezza tipica degli introversi.

Queste influenze culturali possono avere un impatto significativo sulla percezione del sé e sul comportamento delle persone. Ad esempio, un introverso in America potrebbe sentirsi sotto pressione per essere più estroverso, mentre un introverso in Giappone potrebbe sentirsi più accettato e compreso.

Differenze nell'Apprendimento e nella Risoluzione dei Problemi:

Gli introversi e gli estroversi possono anche avere approcci diversi all'apprendimento e alla soluzione dei problemi. Gli introversi tendono a preferire un approccio più riflessivo e metodico, prendendo tempo per elaborare le informazioni prima di prendere una decisione. Gli estroversi, al contrario, potrebbero preferire un approccio più hands-on e potrebbero sentirsi a proprio agio prendendo decisioni basate sull'intuizione o sulle interazioni sociali.

Questo non significa che un approccio sia migliore dell'altro; piuttosto, indica che ci sono diversi modi di affrontare le sfide e che ciascun approccio ha i suoi punti di forza. Ad esempio, mentre un introverso potrebbe eccellere in attività che richiedono una profonda riflessione e analisi, un estroverso potrebbe essere più efficace in situazioni che richiedono rapidità di decisione e interazione sociale.

Concludendo, è evidente che l'introversione ed estroversione sono tratti complessi con molteplici sfaccettature e influenze. Mentre ci sono chiare differenze tra questi due tratti, è anche importante riconoscere la flessibilità e la variabilità del comportamento umano.

Percezione e Interpretazione delle Esperienze:

La lente attraverso cui introversi ed estroversi percepiscono ed interpretano il mondo è sostanzialmente diversa. Gli introversi tendono a concentrarsi sugli aspetti interni delle esperienze: le loro reazioni emotive, le riflessioni e i pensieri profondi che emergono da un'interazione o da un evento. Questa tendenza a guardare dentro può renderli più autoconsapevoli e più attenti ai dettagli sottili delle situazioni.

Gli estroversi, d'altro canto, sono più propensi a focalizzarsi sul panorama generale, captando l'energia e la dinamica delle situazioni esterne. Sono spesso più reattivi alle esperienze immediate, adattandosi rapidamente ai cambiamenti dell'ambiente e rispondendo con entusiasmo alle nuove stimolazioni.

Interazioni Sociali e Formazione di Legami:

Nonostante gli estroversi siano generalmente visti come individui sociali che creano facilmente legami, questo non implica che gli introversi non siano capaci di formare connessioni profonde. In realtà, mentre gli estroversi possono avere una vasta rete di amicizie e conoscenze, gli introversi tendono a coltivare poche relazioni, ma molto profonde e significative. Questo perché preferiscono spesso interazioni uno-a-uno o piccoli gruppi, dove possono connettersi ad un livello più profondo.

Approcci alla Risoluzione dei Conflitti:

La maniera in cui introversi ed estroversi gestiscono e risolvono i conflitti può variare significativamente. Gli introversi potrebbero aver bisogno di tempo per elaborare e riflettere prima di affrontare una situazione conflittuale, mentre gli estroversi potrebbero preferire affrontare immediatamente il problema, discutendo e dialogando. Gli introversi possono trovare efficace la scrittura come mezzo per esprimere i loro sentimenti e preoccupazioni, dando loro l'opportunità di ordinare i pensieri. Gli estroversi, invece, possono trovare la discussione diretta e aperta come il modo più efficace per raggiungere una soluzione.

Risposta allo Stress e alla Pressione:

Quando si tratta di situazioni stressanti o pressanti, introversi ed estroversi possono avere risposte diverse. Gli introversi, con la loro sensibilità agli stimoli esterni, possono sentirsi sopraffatti più facilmente e potrebbero cercare rifugio in un ambiente tranquillo per ricaricarsi. Gli estroversi, d'altra parte, potrebbero cercare il comfort nella compagnia degli altri, trovando sostegno e energia nelle interazioni sociali.

Passatempi e Interessi:

Le attività ricreative e gli interessi personali di introversi ed estroversi spesso riflettono le loro inclinazioni naturali. Gli introversi potrebbero gravitare verso attività che permettono riflessione e introspezione, come la lettura, l'arte, la scrittura o l'ascolto di musica in solitudine. Gli estroversi, al contrario, potrebbero essere attratti da attività più sociali e dinamiche, come partecipare a eventi, giocare in squadra o organizzare raduni sociali.

Ruoli di Leadership e Lavoro di Squadra:

Mentre il mito popolare potrebbe suggerire che gli estroversi siano leader naturali, in realtà, introversi ed estroversi hanno stili di leadership unici e entrambi possono essere efficaci a modo loro. Gli introversi potrebbero essere leader riflessivi, che ascoltano attentamente i membri del loro team e prendono

decisioni ponderate. Gli estroversi, con il loro carisma
e energia, possono motivare e ispirare i loro team
attraverso la comunicazione e l'entusiasmo.

Nel contesto di lavoro di squadra, gli introversi
possono brillare in ruoli che richiedono attenzione al
dettaglio e pensiero profondo, mentre gli estroversi
possono eccellere in ruoli che richiedono
collaborazione e coordinazione.

Concetto di Felicità e Benessere:

La percezione della felicità può variare tra introversi ed
estroversi. Mentre gli estroversi potrebbero associare la
felicità a esperienze eccitanti, socializzazione e nuove
avventure, gli introversi potrebbero associare la felicità
a momenti di tranquillità, introspezione e connessioni
personali profonde. Questa differenza nella percezione
della felicità ha profonde implicazioni per come
ciascun gruppo cerca di arricchire e dare significato
alla propria vita.

Lavoro e Carriera:

Nel contesto lavorativo, introversi ed estroversi
possono gravitare verso ruoli diversi in base alle loro
inclinazioni naturali. Gli introversi possono trovare
soddisfazione in ruoli che richiedono concentrazione
profonda, ricerca e analisi. Potrebbero eccellere in
posizioni come ricercatori, scrittori, programmatori o
analisti. Al contrario, gli estroversi potrebbero

prosperare in ambienti dinamici che richiedono interazione frequente con gli altri, come vendite, marketing, relazioni pubbliche o gestione eventi.

Tuttavia, non è raro vedere introversi in ruoli tipicamente associati agli estroversi e viceversa. Ciò è dovuto al fatto che le persone possono sviluppare competenze e adattarsi a diversi ambienti, indipendentemente dalle loro inclinazioni naturali.

Relazioni Intime:

Nel contesto delle relazioni intime, gli introversi tendono a cercare profondità e significato in ogni connessione. Questo desiderio di connessione profonda può renderli partner attentivi e riflessivi. Tendono a preferire lunghe conversazioni significative piuttosto che piccole chiacchiere e possono impiegare del tempo per aprirsi veramente, ma una volta che lo fanno, la loro dedizione e lealtà sono indubitabili.

Gli estroversi, nel contesto delle relazioni, possono essere vivaci e avventurosi, spesso incoraggiando il partner a sperimentare nuove attività e avventure con loro. Valorizzano la comunicazione aperta e l'interazione regolare, e tendono ad avere una vasta cerchia di amici e conoscenti con cui amano socializzare.

Salute e Benessere:

La modalità con cui introversi ed estroversi affrontano la salute e il benessere può differire notevolmente. Gli introversi, con la loro propensione all'auto-riflessione, potrebbero essere più sintonizzati sulle loro esigenze interne, praticando forme di auto-cura come meditazione, lettura o passare del tempo nella natura. Potrebbero anche essere più propensi ad avvertire sintomi di stress o affaticamento e prendersi del tempo per ricaricarsi.

Gli estroversi, d'altro canto, potrebbero cercare modi per ricaricarsi attraverso l'interazione sociale, partecipando a gruppi di esercizio, eventi sociali o altre attività che permettono loro di essere circondati da persone.

Evoluzione nel Tempo:

Un altro aspetto fondamentale da considerare è che la nostra posizione lungo il continuo introversione-estroversione può cambiare nel corso del tempo. Mentre alcune persone rimangono costanti nella loro natura introvertita o estrovertita, altre possono sperimentare cambiamenti in base alle circostanze della vita, alle esperienze e alla maturità. Ad esempio, un individuo che era estremamente estroverso durante la giovinezza potrebbe diventare più introspettivo con l'avanzare dell'età, o viceversa.

Tecnologia e Media:

Con l'avvento della tecnologia e dei media sociali, si è vista una nuova dinamica nella manifestazione dell'introversione ed estroversione. Mentre i media sociali possono sembrare uno spazio dominato dagli estroversi, molti introversi trovano una voce e una piattaforma in questi spazi virtuali. La possibilità di controllare l'interazione, di prendersi il tempo per formulare risposte e di connettersi con persone con interessi simili ha dato agli introversi nuove opportunità di espressione.

Al contrario, gli estroversi possono trovare soddisfazione nel dinamismo immediato dei media sociali, partecipando a discussioni in tempo reale, condividendo aspetti della loro vita quotidiana e mantenendo connessioni con un vasto gruppo di individui.

Personalità Oltre l'Introversione ed Estroversione:

Infine, mentre l'introversione ed estroversione sono aspetti chiave della personalità, è essenziale comprendere che sono solo una parte di un mosaico complesso. Altri tratti, come la piacevolezza, la coscienziosità, la stabilità emotiva e l'apertura all'esperienza, giocano ruoli cruciali nel definire chi siamo. E mentre queste dimensioni possono interagire in modi unici con l'introversione ed estroversione, contribuiscono a creare una personalità ricca e sfaccettata che va oltre le semplici etichette.

Concludendo, l'introversione ed estroversione sono concetti centrali nella comprensione della personalità umana e giocano un ruolo fondamentale nel modo in cui interagiamo con il mondo che ci circonda. Tuttavia, come abbiamo esplorato, queste categorizzazioni non sono binarie, ma piuttosto rappresentano un continuum sul quale gli individui possono posizionarsi.

L'essenza dell'introversione non è semplicemente la timidezza o l'isolamento, ma una preferenza per l'introspezione, una sensibilità maggiore agli stimoli e un approccio ponderato alle interazioni. Allo stesso modo, l'estroversione non riguarda solo la parlantina o l'essere il centro dell'attenzione, ma un'energia rivolta verso l'esterno, una propensione alla socializzazione e una reattività alle stimolazioni esterne.

Ogni individuo è un amalgama unico di tratti e tendenze. Mentre alcuni possono identificarsi fortemente come introversi o estroversi, molti di noi si troveranno in qualche punto intermedio, manifestando caratteristiche di entrambi a seconda delle circostanze o delle fasi della vita.

Queste categorizzazioni, tuttavia, sono solo un piccolo aspetto della vasta gamma di tratti e inclinazioni che definiscono la personalità umana. Oltre all'introversione ed estroversione, ci sono molteplici altri fattori che contribuiscono a formare il nostro comportamento, le nostre aspirazioni e il nostro modo di relazionarci con gli altri.

È fondamentale, quindi, che mentre cerchiamo di comprendere e categorizzare, evitiamo di ridurre le persone a semplici etichette. L'individualità va celebrata, e ogni persona, sia essa introvertita, estrovertita o qualcosa nel mezzo, porta con sé una ricchezza di esperienze, percezioni e contributi unici al tessuto della società.

Riconoscere e apprezzare queste differenze non solo arricchisce la nostra comprensione della natura umana, ma crea anche spazi più inclusivi e accoglienti dove ogni individuo può sentirsi valorizzato per ciò che è. In un mondo in rapida evoluzione, la capacità di comprendere e accettare le diverse sfumature della personalità umana non è solo una questione di curiosità intellettuale, ma una necessità fondamentale per costruire relazioni autentiche, comunità resilienti e società armoniose.

2. Storia della Valorizzazione dell'Estroversione: Come la società occidentale ha iniziato a favorire gli estroversi.

Storia della Valorizzazione dell'Estroversione

La società occidentale, nel corso del tempo, ha attraversato significative trasformazioni culturali, economiche e sociali. In questo contesto, è importante sottolineare come la valorizzazione dell'estroversione sia emersa e si sia consolidata come un ideale dominante. Per comprendere questo fenomeno, è essenziale esplorare i cambiamenti storici e culturali che hanno portato all'ascesa dell'estroversione come tratto desiderabile.

Dal Carattere alla Personalità: Fino all'inizio del XX secolo, il concetto dominante nella società occidentale era quello del "carattere". Il carattere era legato a valori come integrità, onestà e una solida etica del lavoro. L'idea era che una persona dovesse essere giudicata sulla base della sua moralità e dei suoi principi piuttosto che dal suo carisma o dalla sua capacità di dominare una stanza.

Tuttavia, con l'avvento dell'era industriale e l'ascesa del capitalismo, si è verificato un cambiamento. La società è diventata più urbanizzata, e c'è stato un rapido aumento dell'interazione tra sconosciuti. In questo nuovo contesto, la capacità di fare una buona prima impressione e di influenzare rapidamente gli altri è diventata cruciale. Questo ha segnato la transizione dal "carattere" alla "personalità" come concetto dominante.

L'Ascesa del Marketing e della Pubblicità: Il XX secolo ha visto l'emergere di tecniche di marketing e pubblicità sempre più sofisticate. La necessità di vendere prodotti a un pubblico più ampio ha sottolineato l'importanza del carisma, della persuasione e dell'abilità di connettersi con le persone a un livello emotivo. Gli estroversi, con la loro naturale inclinazione a essere socievoli e carismatici, si sono adattati bene a questo nuovo contesto, diventando spesso i volti di campagne pubblicitarie e di vendita.

Educazione e Sistema Scolastico: Con l'evoluzione dei sistemi educativi, l'enfasi sull'apprendimento di gruppo, la partecipazione in classe e la collaborazione ha premiato gli studenti estroversi. Anche se non intenzionalmente, ciò ha spesso marginalizzato gli studenti introvertiti, facendo loro sentire come se fossero in qualche modo carenti a causa della loro natura riflessiva e riservata.

Cambiamenti nel Mondo del Lavoro:
Nell'ambiente lavorativo moderno, in particolare nelle industrie orientate ai servizi, la capacità di stabilire relazioni, lavorare in team e fare networking è

diventata sempre più preziosa. Questo ha spesso favorito gli estroversi, che tendono ad avere facilità in tali attività.

Media e Cultura Popolare: L'avvento della radio, della televisione e, successivamente, dei social media ha dato un palco a personalità carismatiche e a chi sapeva intrattenere e coinvolgere il pubblico. L'immagine dell'individuo estroverso, socievole e carismatico è stata ulteriormente esaltata come l'ideale da raggiungere.

Conclusione: Mentre l'estroversione è diventata un tratto altamente valorizzato in molte aree della società occidentale, è essenziale riconoscere che sia l'introversione che l'estroversione hanno i loro punti di forza unici. La chiave sta nel comprendere e valorizzare la diversità di tratti e abilità che ciascun individuo porta in un gruppo o in una comunità. Inoltre, è importante riflettere criticamente su come le norme culturali e sociali influenzano le nostre percezioni e giudizi, e considerare come possiamo creare spazi più inclusivi e accoglienti per tutti.

La valorizzazione dell'estroversione nella società occidentale può anche essere tracciata attraverso l'evoluzione delle figure pubbliche e delle leadership. Le figure storiche, come i monarchi o i leader religiosi, venivano spesso viste come autorità di natura divina o ereditaria, e il loro carisma personale, sebbene importante, non era l'unico criterio per la loro legittimità. Tuttavia, con la crescente democratizzazione e l'emergere delle società industriali, la capacità di una figura pubblica di connettersi, comunicare ed emozionare le masse è diventata sempre più centrale.

Nello sport, ad esempio, mentre l'abilità atletica è ovviamente essenziale, gli atleti estroversi, che si mostrano carismatici, socievoli e accessibili, tendono a guadagnare maggiore popolarità e a ottenere contratti pubblicitari più lucrativi. Pensiamo ai giocatori di basket, calciatori o star del tennis: la loro presenza sui media non riguarda solo le loro prestazioni in campo, ma anche la loro personalità fuori dal campo, il loro appeal e la loro capacità di attrarre e mantenere l'attenzione del pubblico.

In ambito politico, l'arte della retorica e della persuasione ha sempre avuto un ruolo fondamentale. Ma in epoca moderna, con l'importanza crescente dei dibattiti televisivi, delle interviste e delle campagne sui social media, i politici estroversi hanno un vantaggio intrinseco. La capacità di ispirare fiducia, di stabilire un legame emotivo con gli elettori e di navigare abilmente nell'arena mediatica spesso determina la percezione pubblica molto più delle politiche o delle ideologie. Non è un caso che molti dei leader politici più influenti degli ultimi decenni siano stati individui carismatici e estroversi.

Inoltre, con l'avvento delle start-up e della cultura dell'imprenditorialità, l'immagine dell'innovatore carismatico, che non solo ha un'idea brillante ma sa anche come venderla, ha acquisito un significato particolare. Gli imprenditori sono spesso chiamati a "lanciare" le loro idee a investitori, clienti e partner, e una presentazione carismatica può fare la differenza tra ottenere un finanziamento o essere ignorati. Anche in questo contesto, gli estroversi, con la loro naturale predisposizione a parlare in pubblico e a connettersi rapidamente con gli altri, hanno un vantaggio.

Un altro aspetto che ha contribuito all'idealizzazione dell'estroversione è l'evoluzione del divertimento e della vita notturna. Con l'urbanizzazione e la nascita di grandi città, luoghi come club, bar e discoteche sono diventati epicentri di socializzazione. Questi ambienti, dominati da musica ad alto volume, luci e grandi folle, sono naturalmente più adatti a chi gode di stimolazioni intense e interazioni continue, cioè gli estroversi.

Infine, anche la tecnologia ha giocato un ruolo nella valorizzazione dell'estroversione. Sebbene paradossalmente i social media permettano anche agli introvertiti di esprimersi, la natura di queste piattaforme premia spesso chi posta frequentemente, chi interagisce ampiamente e chi sa come attirare l'attenzione - tutte attività che gli estroversi tendono a trovare più intuitive e gratificanti.

La lingua e la letteratura stesse hanno avuto un ruolo nella proiezione dell'estroversione come norma desiderabile. Se pensiamo alle storie e ai racconti popolari che permeano la cultura occidentale, molte di queste narrazioni celebrano eroi audaci, principi e principesse carismatici, e personaggi che si affermano in grandi platee. Questi archetipi, nel tempo, hanno sottolineato la percezione collettiva dell'estroversione come sinonimo di leadership e successo.

Consideriamo, ad esempio, le opere teatrali: da Shakespeare a molti drammi moderni, i personaggi centrali sono spesso individui dominanti e vocali. Le loro profonde riflessioni interne sono certamente esplorate, ma è il loro carisma esterno, il loro confronto con gli altri e la loro capacità di guidare e influenzare che li mettono in risalto.

Anche la musica popolare occidentale spesso celebra temi di liberazione personale, festa e socializzazione. Le canzoni che parlano di vivere la vita al massimo, ballare tutta la notte e vivere avventure audaci sono abbondanti. Questo, a sua volta, crea un'associazione nella mente collettiva tra successo sociale e una natura estroversa.

Inoltre, l'architettura e la pianificazione urbana influenzano e riflettono le priorità culturali. Con l'espansione delle metropoli occidentali, vediamo grandi piazze, centri commerciali, e spazi aperti progettati per grandi raccolte di persone. Questi spazi, ideali per l'interazione sociale e l'espressione estroversa, sono diventati centrali nella vita quotidiana. Gli introvertiti, che potrebbero trovare tali luoghi sovra-stimolanti o eccessivamente affollati, possono sentire implicitamente che il loro desiderio di quiete o di spazi più intimi è in qualche modo marginale.

Parallelamente, l'evoluzione dei media ha enfatizzato la velocità e la brevità, elementi che spesso favoriscono espressioni estroverse. I titoli accattivanti, i segmenti di notizie veloci e i post sui social media richiedono messaggi concisi e spesso audaci. In un mondo in cui si lotta costantemente per l'attenzione, chi può comunicare in modo efficace e carismatico ha un vantaggio innegabile. E, mentre gli introvertiti possono certamente avere queste capacità, l'ambiente in sé è incline a premiare chi parla di più e più forte.

Anche la moda e le tendenze sottolineano spesso l'importanza dell'assertività e dell'espressione di sé. La consapevolezza del marchio, la cultura della celebrità e la continua evoluzione delle tendenze richiedono una continua adattabilità e l'abilità di proiettarsi esternamente. E, ancora una volta, mentre questo non esclude gli introvertiti, crea un contesto in cui l'abilità estroversa di adattarsi rapidamente e di godere di nuove stimolazioni è spesso vista come l'ideale.

Alla luce di queste osservazioni, diventa evidente che la struttura stessa della società occidentale moderna, in molti modi, riflette e promuove valori estroversi.

La valorizzazione dell'estroversione nella società occidentale non è un fenomeno accidentale o isolato, ma piuttosto il risultato di una complessa interazione tra cambiamenti culturali, tecnologici e socio-economici. Dalla rivoluzione industriale alla rivoluzione digitale, la capacità di esprimersi apertamente, di connettersi rapidamente con gli altri e di navigare in ambienti sociali dinamici è diventata sempre più preziosa.

Mentre le figure storiche venivano spesso venerate per la loro saggezza, integrità o legittimità ereditaria, la moderna celebrità e il leader sono spesso valutati in base al loro carisma, alla loro capacità di influenzare e alla loro presenza nei media. Questa trasformazione ha spesso relegato al margine coloro che, pur avendo profondi pensieri o intuizioni, potrebbero non avere la stessa propensione o capacità di esprimersi in modo estroverso.

E, sebbene sia vero che la società moderna sembra premiare le qualità estroverse, è importante sottolineare che la valorizzazione dell'estroversione non implica necessariamente la devalorizzazione dell'introversione. Le qualità degli introvertiti, come la capacità di ascoltare, la riflessività e la profondità di pensiero, rimangono fondamentali e inestimabili. La sfida, allora, non è tanto cambiare l'orientamento della società, quanto riconoscere e celebrare la vasta gamma di qualità umane e comprendere che ogni individuo, indipendentemente dalla sua natura introvertita o estroversa, ha qualcosa di unico e prezioso da offrire.

In ultima analisi, mentre la società occidentale ha indubbiamente attraversato un periodo di forte valorizzazione dell'estroversione, ciò che è fondamentale è la creazione di un ambiente in cui sia gli introvertiti che gli estroversi possano prosperare, sentirsi apprezzati e contribuire al tessuto sociale e culturale in modo significativo. Solo attraverso tale riconoscimento e apprezzamento della diversità si può sperare in una società equilibrata e armoniosa.

3. Mitologia dell'Estroverso Ideale: L'idea che per avere
successo, bisogna essere socievoli e parlare in pubblico
con facilità.

La mitologia dell'estroverso ideale ha radici profonde e
si manifesta in vari aspetti della società occidentale.
Questa nozione suggerisce che il successo, sia
professionalmente che socialmente, è più facilmente
raggiungibile per chi è socievole, carismatico e in grado
di esprimersi eloquentemente in pubblico. Questo mito
è stato alimentato da diverse fonti e ha plasmato l'autopercezione, le aspettative e persino le pressioni
professionali di molte persone.

Origini della Mitologia:

1. Media e cultura popolare: Dalle star del cinema
agli influenti leader d'opinione, gli individui estroversi
dominano le luci della ribalta. Essi sono spesso
rappresentati come individui sicuri di sé, che
conquistano il mondo attraverso il loro fascino e la loro
eloquenza. Questi modelli hanno instillato nella mente
collettiva l'idea che per emergere e avere successo
bisogna possedere qualità estroverse.

2. Sistema educativo: Fin dalla giovane età, il
sistema educativo tende a premiare gli studenti che
partecipano attivamente alle discussioni, che sono
leader nei progetti di gruppo e che mostrano una certa

facilità nelle presentazioni orali. Sebbene queste competenze siano indubbiamente importanti, l'accento posto su di esse può marginalizzare gli studenti più riflessivi e riservati, suggerendo che il successo scolastico è legato all'extroversion.

3. Ambiente aziendale: In molte aziende, la crescita professionale è spesso legata alla capacità di networking, di partecipazione a conferenze, di presentazione di progetti e di guidare riunioni. Queste attività sono naturalmente inclini a favorire gli individui estroversi, che possono trovare tali contesti stimolanti e naturali.

Consequenze della Mitologia:

1. Pressione sui giovani: Molti giovani, sentendo la pressione di aderire a questo ideale estroverso, possono cercare di adattare il loro comportamento o persino nascondere la loro vera natura. Questo può portare a sentimenti di inadeguatezza o insicurezza.

2. Mancata valorizzazione delle qualità introverse: Mentre l'estroversione è senza dubbio utile in molte situazioni, l'introversione porta con sé una serie di forze, come la capacità di ascoltare profondamente, la riflessività, la capacità di lavorare in modo autonomo e l'attenzione ai dettagli. La mitologia dell'estroverso ideale può oscurare queste qualità vitali.

3. Creazione di ambienti di lavoro non inclusivi: Se le aziende privilegiano e promuovono solo l'ideale estroverso, possono involontariamente creare ambienti in cui gli introvertiti si sentono emarginati o sottovalutati.

In sintesi, la mitologia dell'estroverso ideale, pur avendo radici comprensibili date le strutture e le priorità della società occidentale, può avere effetti limitanti. Reconoscere e sfidare questa mitologia è essenziale per costruire una società più inclusiva e comprensiva, in cui sia gli estroversi che gli introvertiti possono sentirsi valorizzati per le loro uniche qualità e contributi.

La mitologia dell'estroverso ideale ha influenzato non solo le sfere professionali e accademiche, ma anche le relazioni personali e le interazioni quotidiane. Esaminando la cultura popolare, notiamo che gli estroversi sono spesso rappresentati come individui attraenti, desiderabili e persino avventurosi. Questa rappresentazione si manifesta in vari modi e ha un impatto reale sulla percezione delle persone riguardo a ciò che è "normale" o desiderabile.

Nei reality show, per esempio, i concorrenti più vocali, audaci e spesso estroversi sono quelli che tendono a dominare lo schermo e a diventare memorabili per il pubblico. Questi show, pur essendo solo uno spaccato della realtà, riflettono e amplificano le norme sociali, portando molte persone a credere che, per essere notate o apprezzate, devono mostrare tratti estroversi.

Anche la pubblicità gioca un ruolo fondamentale nella promozione dell'estroverso ideale. La maggior parte degli annunci televisivi mostra persone socievoli che interagiscono in gruppi, festeggiano insieme o discutono apertamente. Raramente vediamo rappresentazioni di individui che godono di momenti di solitudine o di riflessione tranquilla. Questo tipo di messaggio suggerisce implicitamente che la sociabilità è non solo normale ma anche desiderabile, mentre la solitudine o la riflessività sono anomalie da evitare.

Queste rappresentazioni influenzano anche le nostre interazioni quotidiane. Per esempio, in molte culture occidentali, quando due persone si incontrano, è comune chiedere "Cosa fai nella vita?" o "Dove lavori?". Queste domande, sebbene innocenti, sono intrinsecamente orientate verso l'azione e l'attività, piuttosto che verso la riflessione o l'essere. Questo può mettere implicitamente in imbarazzo o svalutare coloro che non si conformano al modello dell'estroverso attivo e impegnato.

L'evoluzione dei social media ha amplificato ulteriormente questa tendenza. Piattaforme come Instagram, TikTok e Facebook spingono gli utenti a condividere continuamente aspetti della loro vita, promuovendo una cultura di "guardami" e "ascoltami". Questo ambiente favorisce coloro che sono naturalmente inclini a condividere e interagire frequentemente, mentre può sembrare alienante per chi è più riservato o introvertito.

E, mentre l'evoluzione tecnologica ha offerto nuove opportunità di connessione, ha anche creato una pressione per essere costantemente "accesi" e reattivi. La rapidità e la brevità delle interazioni online possono, ancora una volta, favorire gli estroversi, che potrebbero trovare più facile e stimolante rispondere rapidamente e in modo conciso.

Inoltre, l'enfasi sull'estroversione ha anche delle implicazioni psicologiche. Molte persone che non si identificano con l'ideale estroverso potrebbero sentirsi fuori luogo o pensare che ci sia qualcosa di "sbagliato" in loro. Questo può portare a sentimenti di ansia sociale, bassa autostima o persino depressione in alcuni casi.

È interessante notare che, nonostante questa forte enfasi sull'estroversione, studi e ricerche hanno mostrato che gli introvertiti hanno delle qualità uniche che possono essere altrettanto, se non più, preziose in determinati contesti. Ad esempio, la capacità di ascolto profondo, la riflessione critica e la capacità di lavorare in modo concentrato per lunghi periodi di tempo sono tutte qualità spesso associate agli introvertiti. Eppure, la dominante mitologia dell'estroverso ideale può offuscare queste forze, rendendo più difficile per la società riconoscere e valorizzare i contributi degli introvertiti.

L'impatto della mitologia dell'estroverso ideale si estende anche alla percezione di ciò che è considerato leadership efficace. Tradizionalmente, un leader è visto come qualcuno carismatico, vocale e dominante. Questa percezione può essere tracciata attraverso la storia, dove figure carismatiche hanno guidato eserciti, nazioni e rivoluzioni. Se consideriamo la rappresentazione storica dei leader nelle biografie, nei film e nella letteratura, spesso emergono caratteristiche come l'oratoria potente, la presenza fisica imponente e la capacità di mobilitare e ispirare le masse.

Nel contesto aziendale moderno, molti workshop di leadership e programmi di formazione enfatizzano l'importanza della comunicazione efficace, della capacità di prendere decisioni rapide e della visibilità. Mentre queste sono competenze essenziali, l'enfasi eccessiva su tali qualità può marginalizzare altri stili di leadership che potrebbero essere più riflessivi, ascoltanti e collaborativi. Di fatto, la ricerca ha mostrato che gli introvertiti possono essere leader efficaci, specialmente quando guidano team proattivi, poiché tendono ad ascoltare e valorizzare le opinioni dei membri del team.

La mitologia dell'estroverso ideale si manifesta anche nelle relazioni interpersonali. Ad esempio, in molte culture, è comune che agli individui venga detto di "uscire dal guscio" o di "prendere l'iniziativa" nelle interazioni sociali. Questi consigli, sebbene dati con le migliori intenzioni, presuppongono che l'interazione estroversa sia l'unico modo valido o desiderabile di relazionarsi con gli altri.

Questo punto di vista può influenzare anche la percezione della vita romantica. Gli estroversi sono spesso visti come individui che hanno più probabilità di avere successo in appuntamenti o relazioni perché sono considerati più socievoli e aperti. Questa percezione può creare pressioni inutili sugli introvertiti, facendo loro sentire che devono cambiare o adattarsi per essere desiderabili.

In ambito terapeutico, ci sono state discussioni sul fatto che gli standard di normalità psicologica siano influenzati da questa mitologia. Ad esempio, caratteristiche come la riflessività o la riservatezza, naturali per molti introvertiti, potrebbero essere erroneamente viste come segni di ansia o ritiro sociale, piuttosto che come tratti di personalità validi e funzionali.

Inoltre, nelle dinamiche di gruppo, come le riunioni o i brainstorming, la voce alta e chiara degli estroversi può facilmente dominare la conversazione. Questo può portare a situazioni in cui le idee e le opinioni degli introvertiti non vengono ascoltate o considerate, nonostante possano offrire prospettive preziose e diverse.

La tecnologia moderna, sebbene abbia la capacità di connettere le persone come mai prima d'ora, può anche amplificare alcune di queste pressioni. Con l'emergere di piattaforme di social media incentrate sull'immagine e la presentazione, vi è una crescente enfasi sull'auto-promozione, sull'essere "visibili" e sul condividere costantemente esperienze personali, tutto ciò che tende a favorire uno stile di comunicazione più estroverso.

Tuttavia, nonostante l'ovvia tendenza della società ad idealizzare l'estroversione, c'è una crescente consapevolezza delle forze uniche e dei contributi che gli introvertiti possono offrire. Con la crescente ricerca e comprensione della diversità dei tratti di personalità, c'è speranza che la mitologia dell'estroverso ideale possa essere sfidata e bilanciata, creando spazi dove sia gli estroversi che gli introvertiti possano prosperare e sentirsi valorizzati.

La mitologia dell'estroverso ideale, radicata profondamente nelle strutture socioculturali e comunicative della nostra epoca, è un fenomeno che ha modellato la percezione delle persone riguardo a ciò che è considerato normale, desiderabile e di successo. Questa visione, che enfatizza la sociabilità, l'eloquio e la visibilità, ha lasciato un segno indelebile su molte sfere della vita, dalle aspettative professionali alle relazioni interpersonali, passando per la leadership e persino le dinamiche di gruppo.

Tuttavia, come ogni mitologia, essa porta con sé sia verità che distorsioni. Mentre l'estroversione, con le sue qualità di apertura, comunicazione e energia, può sicuramente offrire vantaggi in molte situazioni, l'errore risiede nell'assumere che sia l'unico modello valido o desiderabile di comportamento o personalità. La realtà è che gli introvertiti possiedono un insieme unico e altrettanto valido di qualità che possono essere cruciali in determinati contesti. L'abilità di ascoltare profondamente, riflettere, e lavorare con concentrazione e profondità sono solo alcune delle forze che gli introvertiti portano al tavolo.

Il pericolo della mitologia dell'estroverso ideale risiede non tanto nel valorizzare l'estroversione, ma nell'oscurare e a volte svalutare le qualità degli introvertiti. Questa svalutazione può manifestarsi in una serie di modi, dalla mancata considerazione delle loro opinioni nelle riunioni di gruppo, alla pressione di conformarsi a norme sociali che non si allineano con la loro natura, fino a percezioni sbagliate in ambito terapeutico.

Ma c'è una luce in fondo al tunnel. Man mano che la società diventa più consapevole delle diverse forme di intelligenza, capacità e personalità, si sta sviluppando una maggiore apprezzamento per la varietà di tratti che le persone possono offrire. Questa crescente consapevolezza offre la speranza che, in futuro, la mitologia dell'estroverso ideale possa essere bilanciata da una maggiore valorizzazione e comprensione delle forze degli introvertiti.

In conclusione, mentre la mitologia dell'estroverso ideale ha avuto e continua ad avere un impatto significativo sulla società, è essenziale che sia riconosciuto come una tra molte visioni della personalità e del successo. Solo allora, in uno scenario di equilibrio e apprezzamento per tutti i tratti di personalità, sia gli introvertiti che gli estroversi possono trovare il loro vero posto e prosperare nella società.

4. Scienza dell'Introverso: Ricerche sul cervello e sulla genetica che spiegano la natura dell'introverso.

L'introversione ed estroversione sono tratti complessi che hanno suscitato molto interesse nella comunità scientifica, in particolare nel campo della psicologia, della neurologia e della genetica. La scienza ha fatto progressi nel tentativo di comprendere le basi biologiche e neurologiche di questi tratti. Ecco una panoramica di alcune delle principali scoperte relative all'introversione:

1. **Neurochimica e Neurotransmettitori:** Gli introvertiti e gli estroversi possono differire nel modo in cui i loro cervelli elaborano le informazioni attraverso i neurotransmettitori. Uno degli aspetti più discusso è il ruolo della dopamina, un neurotransmettitore che gioca un ruolo chiave nella motivazione e nel piacere. Mentre entrambi gli introvertiti e gli estroversi hanno dopamina nel loro cervello, gli estroversi potrebbero fare affidamento su di essa di più per il loro senso di piacere e soddisfazione. Gli introvertiti, d'altro canto, potrebbero dipendere maggiormente dal sistema dell'acetilcolina, un altro

neurotransmettitore, che regola la calma interna e la soddisfazione.

2. Risposta alla Stimolazione: Diversi studi suggeriscono che gli introvertiti potrebbero avere una maggiore sensibilità alla stimolazione esterna rispetto agli estroversi. Questo potrebbe spiegare perché gli introvertiti tendono a cercare ambienti più tranquilli e meno stimolanti. Un esperimento ha mostrato che gli introvertiti avevano una maggiore risposta cerebrale quando ascoltavano rumori improvvisi, suggerendo che i loro cervelli potrebbero effettivamente elaborare la stimolazione in modo diverso.

3. Struttura e Funzione Cerebrale: La risonanza magnetica funzionale (fMRI) ha permesso agli scienziati di osservare le differenze nel modo in cui gli introvertiti e gli estroversi elaborano le informazioni. Ad esempio, gli introvertiti tendono ad avere un'attività maggiore nelle aree del cervello associate alla memoria a lungo termine, alla pianificazione e alla risoluzione dei problemi, mentre gli estroversi mostrano un'attività maggiore nelle aree del cervello associate alla ricerca di nuovi stimoli e alle ricompense.

4. Genetica dell'Introversione: Mentre l'ambiente gioca un ruolo nell'influenzare se qualcuno diventa introvertito o estroverso, la genetica ha sicuramente un ruolo. Studi su gemelli hanno dimostrato che l'introversione ed estroversione hanno una componente ereditaria significativa. Sebbene non sia stata identificata una singola "gene dell'introversione", è probabile che un insieme di geni contribuisca a questo tratto.

5. Preferenze nel Processo Decisionale: Un'altra interessante area di ricerca riguarda il modo in cui gli introvertiti prendono decisioni. Studi hanno suggerito che gli introvertiti tendono a riflettere più profondamente e a prendersi più tempo nel prendere decisioni rispetto agli estroversi. Ciò è coerente con la tendenza degli introvertiti a preferire attività riflessive e profonde.

6. Risposta allo Stress e all'Ansia: Dato che gli introvertiti possono avere una maggiore sensibilità alla stimolazione, non sorprende che possano rispondere diversamente allo stress. Alcune ricerche indicano che gli introvertiti potrebbero avere una maggiore reattività in certe aree del cervello quando sono sottoposti a stress o ansia.

In sintesi, mentre l'introversione ed estroversione sono tratti complessi con influenze sia ambientali che genetiche, la scienza sta iniziando a svelare alcune delle basi biologiche e neurologiche dietro questi tratti. La comprensione di queste basi può aiutare a sfatare i miti e gli stereotipi associati all'introversione e fornire una maggiore comprensione e apprezzamento delle differenze individuali.

Attività Prefrontale: Le regioni prefrontali del cervello sono associate a molte funzioni cognitive superiori, tra cui la pianificazione, la decisione e la modulazione del comportamento. Alcuni studi suggeriscono che gli introvertiti possano avere un'attività prefrontale diversa rispetto agli estroversi. Ciò potrebbe riflettere le loro tendenze a riflettere in modo più profondo sulle situazioni e a valutare più attentamente le informazioni prima di agire.

Ambiente e Plasticità Cerebrale: Mentre la biologia e la genetica svolgono un ruolo chiave nella determinazione dell'introversione, l'ambiente può anche influenzare come questo tratto si manifesta. Ciò è particolarmente evidente nei casi in cui gli individui vivono in ambienti estremamente stimolanti o privi di stimoli per lunghi periodi di tempo. Il cervello ha una notevole plasticità, il che significa che può adattarsi in risposta alle esperienze. Per gli introvertiti, ciò potrebbe significare che, se si trovano in ambienti che valorizzano o richiedono estroversione, possono sviluppare meccanismi per adattarsi a tali ambienti pur mantenendo le loro tendenze introverse.

Sistema Limbico e Emozioni: Il sistema limbico del cervello è centrale nella gestione delle emozioni. Alcune ricerche indicano che gli introvertiti potrebbero avere una maggiore attività in alcune parti del sistema limbico, in particolare quando elaborano emozioni negative come la paura o l'ansia. Questo potrebbe spiegare perché gli introvertiti sono spesso percepiti come più riservati o cauti, poiché potrebbero essere più sensibili o attenti ai segnali di potenziale pericolo o disagio.

Connettività Cerebrale: Oltre alle differenze in termini di attività in specifiche regioni del cervello, gli introvertiti e gli estroversi potrebbero differire anche nel modo in cui le varie parti del loro cervello comunicano tra loro. Ad esempio, gli introvertiti potrebbero avere una maggiore connettività tra le regioni coinvolte nella riflessione interna e nell'elaborazione delle informazioni, mentre gli estroversi potrebbero avere una maggiore connettività tra le regioni associate alla percezione esterna e all'azione.

Ormoni e Regolazione Fisiologica: Oltre ai neurotransmettitori come la dopamina e l'acetilcolina, gli ormoni come il cortisolo, spesso associato allo stress, potrebbero avere ruoli differenti negli introvertiti rispetto agli estroversi. Ad esempio, alcuni studi hanno mostrato che gli introvertiti possono avere una maggiore risposta al cortisolo in situazioni stressanti, il che potrebbe spiegare perché tendono a trovare situazioni altamente stimolanti o nuove come più stressanti o sovraccaricanti.

Influenza Evolutiva: Da una prospettiva evolutiva, è probabile che l'introversione abbia avuto dei vantaggi in certi contesti. Ad esempio, in situazioni in cui era vantaggioso essere cauti, riflessivi o riservati, gli introvertiti avrebbero potuto avere un vantaggio. Questa prospettiva suggerisce che la varietà di tratti di personalità, inclusa l'introversione, ha avuto un ruolo nel garantire la sopravvivenza e la prosperità di gruppi umani in una varietà di contesti e situazioni.

La complessità dell'introversione, come evidenziato dalla vasta gamma di ricerche e scoperte in molti campi della scienza, sottolinea il fatto che non è semplicemente una questione di "essere timidi" o "riservati". Piuttosto, è un tratto multidimensionale che ha profonde radici nella biologia, nella neurologia, nella genetica e persino nell'evoluzione.

Adattamenti Comportamentali e Cognitive:

Mentre gli aspetti biologici e neurologici dell'introversione sono fondamentali, è anche cruciale considerare come questi si traducano in comportamenti e processi cognitivi osservabili. Gli introvertiti spesso mostrano una tendenza a riflettere prima di agire, un tratto che potrebbe derivare dalla loro maggiore attività nelle aree del cervello associate alla riflessione interna. Questa tendenza può anche manifestarsi in una maggiore capacità di concentrazione e in un approccio più meticoloso alla risoluzione dei problemi.

Interazioni Sociali e Network: Dal punto di vista sociale, gli introvertiti potrebbero interagire con il loro ambiente sociale in modo diverso dagli estroversi. Mentre gli estroversi potrebbero cercare attivamente interazioni sociali e avere reti sociali più estese, gli introvertiti tendono a preferire interazioni più significative e profonde con un gruppo ristretto di persone. Questa differenza potrebbe derivare dalla loro risposta neurochimica ai rapporti sociali e dalla loro sensibilità alla stimolazione.

Risposta all'Apprendimento e alla Formazione: La propensione degli introvertiti alla riflessione e all'elaborazione profonda potrebbe influenzare il modo in cui apprendono e assimilano nuove informazioni. Ciò potrebbe tradursi in una preferenza per approcci di apprendimento autonomo o basati sulla riflessione, piuttosto che per metodi altamente interattivi o basati sul gruppo.

Influenze Culturali e Sociali: Mentre molte delle basi dell'introversione sono biologiche, non possiamo ignorare l'influenza della cultura e della società. In alcune culture, l'introversione potrebbe essere vista come un tratto desiderabile, associato alla saggezza e alla riflessione. In altri contesti, potrebbe essere meno valorizzata a favore di comportamenti più estroversi e assertivi. Queste percezioni culturali potrebbero influenzare il modo in cui gli introvertiti percepiscono se stessi e il modo in cui interagiscono con il mondo.

Considerazioni sul Benessere e sulla Salute Mentale: La profonda elaborazione e riflessione associata all'introversione può avere implicazioni per il benessere psicologico. In alcune situazioni, la tendenza a riflettere può portare a una maggiore introspezione e consapevolezza di sé, che può essere benefica. Tuttavia, in altri contesti, può portare a sovrappensiero o rumina, che può essere associato a problemi come l'ansia o la depressione.

Ruolo nell'Arte e nella Creatività: La tendenza degli introvertiti a riflettere e a elaborare profondamente potrebbe influenzare anche la loro espressione artistica e creativa. Molti artisti, scrittori e musicisti introvertiti hanno descritto come la loro natura riflessiva influenzi il loro lavoro, permettendo loro di sondare profondamente le emozioni e le esperienze umane nei loro pezzi.

Ogni nuovo dettaglio che emerge sull'introversione offre una visione più completa e sfaccettata di questo tratto. La chiave è riconoscere che l'introversione, come tutte le caratteristiche umane, è complessa e multidimensionale, influenzata da una miriade di fattori biologici, sociali, culturali ed esperienziali.

Tolleranza alla Solitudine: Un altro aspetto distintivo degli introvertiti è la loro tolleranza, e spesso preferenza, per la solitudine. Mentre molte persone possono trovare il silenzio o la solitudine scomodi o addirittura angoscianti, gli introvertiti spesso li trovano rinfrescanti e rigeneranti. Questa capacità di stare da soli e riflettere può essere legata alla maggiore attività nelle regioni del cervello associate all'autoriflessione e all'elaborazione interna.

Introversi in una Società Estroversa: In molte società occidentali, dove l'extroversion è spesso celebrata, gli introvertiti possono sentirsi fuori posto o persino sentirsi costretti a mascherare o modificare il loro vero io. Questa dicotomia può portare a sfide uniche per gli introvertiti, come la pressione di conformarsi alle aspettative sociali o la lotta per trovare spazi in cui possano sentirsi autentici e compresi.

Reattività Sensoriale: Alcune ricerche suggeriscono che gli introvertiti possono avere una maggiore reattività ai segnali sensoriali. Questo significa che possono essere più sensibili a stimoli come luci forti, rumori improvvisi o persino esperienze tattili. Questa maggiore sensibilità può essere legata alla loro tendenza a preferire ambienti calmi e non sovrastimolanti.

Differenze Cognitive: Oltre alle differenze nel comportamento e nelle preferenze, potrebbero esserci differenze fondamentali nel modo in cui gli introvertiti e gli estroversi elaborano le informazioni. Ad esempio, gli introvertiti potrebbero avere una maggiore propensione per l'elaborazione profonda, il che significa che tendono a pensare a cose da diverse angolazioni e ad analizzare informazioni in modo più dettagliato.

Effetti sulle Relazioni: La natura riflessiva e riservata degli introvertiti può influenzare il modo in cui formano e mantengono relazioni. Mentre possono sembrare distanti o riservati all'inizio, spesso formano legami profondi e significativi basati sulla fiducia e sulla comprensione reciproca. Questa profondità nelle relazioni può contrapporsi alla tendenza degli estroversi a formare rapidamente molte relazioni, ma potenzialmente meno profonde.

Ruolo nei Team e nel Lavoro: In un contesto professionale, gli introvertiti possono portare una serie di qualità uniche al tavolo. La loro capacità di ascolto, la riflessione profonda e l'approccio meticoloso alla risoluzione dei problemi possono essere inestimabili in molte situazioni. Tuttavia, possono anche trovarsi di fronte a sfide in ambienti ad alta energia o altamente collaborativi dove la comunicazione rapida e l'assertività sono premiate.

Introversi e Innovazione: Contrariamente alla percezione comune che vede gli estroversi come i principali innovatori, molti introvertiti hanno rivoluzionato campi con le loro idee originali e il loro approccio riflessivo. Questo potrebbe essere dovuto alla loro capacità di trascorrere lunghi periodi da soli, riflettendo su problemi complessi e cercando soluzioni innovative.

La complessa tessitura di comportamenti, preferenze, reazioni e capacità associate all'introversione continua ad affascinare gli scienziati e il pubblico in generale. La chiave è riconoscere e apprezzare la gamma di tratti e capacità che gli introvertiti portano alla società, senza ridurli a semplici stereotipi.

La comprensione dell'introversione attraverso la lente della scienza ci offre un quadro approfondito e matizzato di questa caratteristica. Sotto la superficie di ciò che potrebbe sembrare semplicemente come riservatezza o silenziosità, vi è una rete complessa di processi neurologici, biologici e comportamentali che danno forma all'esperienza introvertita.

Partendo dal cervello, è evidente che gli introvertiti non sono semplicemente "estroversi meno attivi" ma piuttosto hanno un diverso funzionamento neurologico. La loro maggiore attività in certe aree del cervello, legate all'autoriflessione e all'elaborazione profonda, non solo giustifica, ma celebra la loro tendenza a riflettere, ponderare e approfondire. Questi tratti sono ben distinti dalla semplice timidezza o ansia sociale, che sono condizioni indipendenti e non devono essere confuse con l'introversione vera e propria.

A livello comportamentale, la tolleranza degli introvertiti per la solitudine, la loro reattività sensoriale e le loro preferenze in termini di interazione sociale sono profondamente radicate in una combinazione di genetica, biologia e esperienza personale. Le loro scelte e reazioni non sono capricci momentanei, ma piuttosto riflessioni di una costituzione interna profondamente radicata.

Dal punto di vista relazionale, gli introvertiti offrono una profondità e una qualità nelle interazioni che può essere diversa da quella degli estroversi. Questo non significa che una sia superiore all'altra; piuttosto, ciascuna ha i suoi punti di forza unici. Laddove gli estroversi possono eccellere nell'espansione delle reti e nell'energia immediata, gli introvertiti spesso brillano nelle interazioni uno-a-uno, nell'ascolto attento e nelle connessioni profonde e significative.

Infine, in contesti professionali e innovativi, gli introvertiti non sono da sottovalutare. Molti grandi pensatori e innovatori della storia erano noti introvertiti. La loro capacità di riflessione, concentrazione e approfondimento può portare a soluzioni rivoluzionarie e approcci creativi ai problemi.

In conclusione, la scienza dell'introversione ci mostra che si tratta di un tratto complesso, ricco e multidimensionale. Gli introvertiti non sono definiti dalla loro riservatezza, ma piuttosto da un insieme unico e variegato di caratteristiche neurologiche e comportamentali che, quando comprese e valorizzate, possono portare a grandi contributi sia a livello personale che a livello di società.

5. Miti sugli Introversi: Sfatare idee errate come "gli introversi sono timidi" o "non possono essere leader".

I miti e le incomprensioni riguardo agli introvertiti sono abbondanti nella nostra cultura, spesso a causa di una visione riduttiva e stereotipata dell'introversione. Questi miti non solo presentano un'immagine distorta degli introvertiti, ma possono anche limitare le loro opportunità e potenziale in vari ambiti della vita. Ecco alcuni dei miti più comuni e la verità dietro di essi.

Mito 1: Gli Introversi sono Timidi *Verità:* Mentre è vero che alcuni introvertiti possono anche essere timidi, introversione e timidezza non sono la stessa cosa. L'introversione riguarda principalmente da dove si ricava energia: gli introvertiti tendono a ricaricarsi attraverso il tempo da soli o con piccoli gruppi intimi, mentre gli estroversi tendono a ricavare energia da interazioni sociali ampie. La timidezza, d'altra parte, è una paura o apprensione delle situazioni sociali. È possibile essere un introvertito confidente o un estroverso timido.

**Mito 2: Gli Introversi non possono essere
Leader** *Verità:* Numerosi leader di successo, compresi
CEO, presidenti e visionari, sono stati introvertiti. La
capacità di ascolto profondo, l'attenzione ai dettagli, la
riflessione e la ponderazione delle decisioni sono tutte
qualità degli introvertiti che possono essere
incredibilmente preziose in posizioni di leadership.
Persone come Bill Gates, Barack Obama e Eleanor
Roosevelt sono esempi di introvertiti che hanno
assunto ruoli di leadership di alto profilo e hanno avuto
un impatto significativo.

Mito 3: Gli Introversi non amano le persone
Verità: Questo è un grosso malinteso. Gli introvertiti,
in generale, apprezzano connessioni profonde e
significative. Mentre potrebbero evitare grandi feste o
eventi affollati, ciò non significa che non apprezzino o
desiderino interazioni umane. La differenza principale
sta nel tipo e nella qualità dell'interazione che
preferiscono.

Mito 4: Gli Introversi sono Antisociali *Verità:* Gli
introvertiti non sono antisociali; sono selettivamente
sociali. Tendono a preferire interazioni più intime e
significative rispetto a quelle superficiali. Mentre un
estroverso potrebbe godere di una chiacchierata
leggera con molte persone diverse in un evento, un
introvertito potrebbe cercare una conversazione
approfondita con una o due persone.

Mito 5: Gli Introversi sono Depressi o Negativi
Verità: Mentre gli introvertiti possono avere una natura riflessiva che li porta a ponderare su vari argomenti, ciò non significa che siano intrinsecamente depressi o negativi. È importante non confondere l'introspezione o la profondità di pensiero con la depressione.

Mito 6: Gli Introversi non sono buoni Comunicatori *Verità:* Anche se gli introvertiti potrebbero non dominare una conversazione in un grande gruppo, molti sono comunicatori eccellenti, specialmente in situazioni uno-a-uno o in piccoli gruppi. La loro natura riflessiva spesso li rende ascoltatori attenti e capaci di articolare pensieri complessi con chiarezza.

Sfatare questi miti è essenziale non solo per una comprensione accurata degli introvertiti ma anche per permettere a introvertiti e estroversi di coesistere e collaborare in modo efficace. Quando riconosciamo e apprezziamo gli introvertiti per le loro vere qualità e capacità, creiamo una società più inclusiva e olistica che valorizza una gamma completa di personalità e approcci alla vita.

Mito 7: Gli introvertiti non sanno divertirsi.
Verità: Il concetto di "divertimento" è soggettivo. Mentre gli estroversi potrebbero trovare piacere nelle feste rumorose, gli introvertiti possono trovare

altrettanto piacere in una serata tranquilla con un libro, una passeggiata nella natura, o una profonda conversazione con un amico. Non avere l'inclinazione per le attività estroverse tradizionali non significa che gli introvertiti non sappiano come divertirsi.

Mito 8: Gli introvertiti sono meno capaci nelle vendite o nelle professioni orientate al cliente. *Verità:* Gli introvertiti possono avere un approccio diverso in professioni come le vendite, ma ciò non significa che siano meno capaci. La loro tendenza ad ascoltare attentamente può permettere loro di comprendere meglio le necessità del cliente e offrire soluzioni più mirate. In molte situazioni, gli introvertiti possono costruire relazioni profonde e di fiducia con i clienti, che sono fondamentali per la riuscita a lungo termine.

Mito 9: Gli introvertiti non possono avere successo nel mondo dello spettacolo. *Verità:* Ci sono molti artisti, musicisti, attori e performer che si identificano come introvertiti. Sebbene possa sembrare in contrasto con l'idea di esibirsi davanti a grandi folle, molti introvertiti trovano gioia nell'esprimere se stessi attraverso l'arte. La capacità di introspezione e riflessione può alimentare la profondità della loro espressione artistica.

Mito 10: Gli introvertiti preferiscono sempre lavorare da soli. *Verità:* Anche se gli introvertiti possono apprezzare il tempo da soli per riflettere e concentrarsi, ciò non significa che evitino sempre il lavoro di squadra. Molti introvertiti possono funzionare efficacemente in team, specialmente quando vi è un rispetto reciproco e una chiara definizione dei ruoli. Il loro approccio riflessivo può essere un prezioso contributo nelle discussioni di gruppo e nella pianificazione.

Mito 11: Gli introvertiti sono sempre seri e non hanno senso dell'umorismo. *Verità:* Gli introvertiti, come qualsiasi altro gruppo di persone, hanno una vasta gamma di personalità e gusti. Molti introvertiti hanno un vivace senso dell'umorismo, che può variare dal sarcastico al giocoso. La loro tendenza a riflettere può anche dar loro una prospettiva unica e spiritosa su vari argomenti.

Mito 12: Gli introvertiti non sono affettuosi o passionale in una relazione. *Verità:* Ancora una volta, l'introversione riguarda la fonte da cui una persona trae energia, non la capacità di amare o essere vicino a qualcuno. Molti introvertiti sono partner profondamente affettuosi, attenti e dedicati, e portano una profondità di comprensione e connessione alle loro relazioni che può essere molto gratificante.

In ogni mito che si svela, è evidente che l'introversione non è una limitazione ma piuttosto una diversa modalità di interazione e percezione del mondo. Gli introvertiti hanno molto da offrire in ogni aspetto della vita, e sfidare questi miti è essenziale per apprezzare la loro piena gamma di talenti e capacità.

Mito 13: Gli introvertiti non sono adatti a ruoli di leadership. *Verità:* Come accennato in precedenza, molte persone influenti e leader di successo sono introvertite. La loro capacità di ascoltare, di prendersi il tempo per riflettere prima di prendere decisioni e di comprendersi profondamente può effettivamente rafforzare la loro capacità di guida. La leadership non riguarda solo la loquacità o la capacità di motivare le folle; riguarda anche la capacità di vedere la "foto grande", di fornire una visione e di ispirare fiducia attraverso azioni e integrità.

Mito 14: Gli introvertiti sono lenti o indecisi. *Verità:* Mentre gli introvertiti tendono a riflettere prima di agire o parlare, ciò non implica che siano naturalmente indecisi o lenti nel prendere decisioni. Spesso, la loro riflessione porta a decisioni più ponderate e informate. La loro prudenza può effettivamente essere un vantaggio in molte situazioni, specialmente quando le decisioni affrettate possono portare a errori costosi.

Mito 15: Gli introvertiti non sono creativi.
Verità: L'introversione non ha nulla a che fare con la capacità creativa di una persona. Molti artisti, scrittori, musicisti e pensatori innovativi si identificano come introvertiti. La capacità di concentrarsi profondamente su un'attività o di perdere se stessi in pensieri e riflessioni può effettivamente alimentare la creatività.

Mito 16: Gli introvertiti non hanno abilità sociali. *Verità:* Sebbene gli introvertiti possano preferire situazioni sociali più intime o controllate, ciò non significa che manchino di abilità sociali. In realtà, molti introvertiti sono osservatori acuti e possono leggere e interpretare segnali sociali molto bene. La loro natura riflessiva può anche renderli comunicatori empatici e ascoltatori attenti.

Mito 17: Gli introvertiti non sono buoni oratori pubblici. *Verità:* Mentre potrebbe sorprendere alcuni, molti oratori pubblici di grande successo sono introvertiti. Con una preparazione adeguata e la passione per il loro argomento, possono catturare e mantenere l'attenzione di un pubblico tanto quanto i loro colleghi estroversi. La chiave è spesso trovare un equilibrio tra il tempo trascorso in pubblico e il tempo necessario per ricaricare.

Mito 18: Gli introvertiti sono sempre calmi e riservati. *Verità:* Anche se molti introvertiti possono apparire calmi esteriormente, hanno un mondo interno ricco e vibrante. Come chiunque altro, possono avere forti passioni, emozioni e reazioni a eventi o situazioni. La differenza può risiedere nel modo in cui scelgono di esprimere o condividere tali emozioni.

Mito 19: Gli introvertiti non sono fatti per lavori ad alta energia o ad alta pressione. *Verità:* Gli introvertiti possono prosperare in qualsiasi ambiente, incluso in ruoli ad alta energia o ad alta pressione, a patto che abbiano accesso alle risorse e alle condizioni di cui hanno bisogno per prosperare. La chiave è spesso assicurarsi che ci siano opportunità per il riposo e la riflessione.

Mito 20: Gli introvertiti sono antisportivi o non competitivi. *Verità:* L'introversione non ha nulla a che fare con le capacità fisiche o l'attitudine sportiva di una persona. Molti introvertiti godono di sport e attività fisiche, e alcuni possono essere altamente competitivi. Come in altri aspetti della vita, possono semplicemente avvicinarsi allo sport o alla competizione in un modo che rispecchia la loro natura riflessiva e considerata.

Le percezioni e i malintesi sugli introvertiti sono tanto vari quanto lo sono le persone stesse. Con una maggiore comprensione e accettazione delle diverse personalità, è possibile costruire un mondo in cui sia introvertiti che estroversi siano valorizzati per i loro punti di forza unici e le loro contribuzioni individuali.

Mito 21: Gli introvertiti non sono buoni insegnanti. *Verità:* Contrariamente a questo mito, molti introvertiti sono eccellenti nell'istruzione. La loro naturale capacità di ascoltare e di comprendere profondamente può renderli particolarmente sensibili alle esigenze dei loro studenti. Inoltre, la loro propensione a riflettere può tradursi in lezioni ben pianificate e in metodi didattici innovativi.

Mito 22: Gli introvertiti non possono essere buoni manager. *Verità:* In realtà, molti introvertiti eccellono in ruoli manageriali. Sono spesso molto attenti ai dettagli, capaci di analizzare le situazioni da diverse angolazioni e propensi a prendere decisioni ponderate. Anche la loro capacità di ascoltare può renderli manager empatici che comprendono e valorizzano i loro team.

Mito 23: Gli introvertiti sono antisociali. *Verità:* Essere introvertito non significa essere antisociali. Gli introvertiti possono godere di interazioni sociali tanto quanto gli estroversi, ma spesso preferiscono situazioni più intime o piccoli gruppi. Ciò che può apparire come ritiro o riluttanza è spesso solo un bisogno di tempo per ricaricare dopo esposizioni sociali.

Mito 24: Gli introvertiti non sono adatti alla politica. *Verità:* Sebbene l'arena politica possa spesso sembrare dominata da personalità estroverse, molti introvertiti hanno avuto carriere politiche di successo. La loro capacità di ascoltare gli elettori, di riflettere su questioni complesse e di comunicare in modo autentico può effettivamente renderli candidati e leader politici molto efficaci.

Mito 25: Gli introvertiti non possono lavorare in ruoli frontali come receptionist o addetti al servizio clienti. *Verità:* Nonostante possano preferire interazioni più profonde e significative, molti introvertiti lavorano e prosperano in ruoli frontali. La loro naturale propensione all'ascolto può rendere le loro interazioni con i clienti particolarmente efficaci e significative.

Mito 26: Gli introvertiti sono pigri. *Verità:* Questo è un grave malinteso. La riflessione o il bisogno di tempo da soli non è sinonimo di pigrizia. Gli introvertiti spesso lavorano con grande dedizione e focus, e la loro propensione a riflettere può portare a soluzioni innovative e ben ponderate.

Mito 27: Gli introvertiti non sono buoni networker. *Verità:* Sebbene gli introvertiti possano non godere di grandi eventi di networking o di interazioni superficiali, ciò non significa che non siano capaci di costruire reti significative. Spesso, gli introvertiti costruiscono connessioni più profonde e durature basate sulla qualità piuttosto che sulla quantità.

Mito 28: Gli introvertiti non sono interessati alla crescita personale o alla formazione.

Verità: Gli introvertiti, come tutti gli individui, sono interessati alla crescita personale e professionale. La loro tendenza all'introspezione può in realtà spingerli a cercare opportunità per auto-migliorarsi e apprendere continuamente.

Mito 29: Gli introvertiti non possono essere felici.

Verità: L'introversione non è legata direttamente alla felicità o alla mancanza di essa. Gli introvertiti possono vivere vite ricche, appaganti e felici, trovando gioia nelle piccole cose, nelle relazioni profonde e nell'esplorazione del loro mondo interno.

Man mano che esploriamo ulteriormente i miti sugli introvertiti, diventa chiaro che molti di questi presupposti sono basati su stereotipi e malintesi. È essenziale riconoscere la gamma completa di capacità, interessi e potenzialità degli introvertiti per creare un mondo più inclusivo e comprensivo.

Conclusione sul Mito degli Introvertiti:

La comprensione dell'introversione ha attraversato un cammino tortuoso, segnato da una serie di malintesi, stereotipi e idee preconcette. Questi miti, molti dei quali sono profondamente radicati nella cultura popolare, hanno influenzato la percezione delle persone riguardo agli introvertiti, spesso limitando le loro opportunità e influenzando la loro autopercezione.

1. **Origini dei Miti:** Le origini di questi miti possono essere rintracciate in una società che tradizionalmente valorizza l'eloquenza, la visibilità e l'affermazione di sé. In un mondo in cui "parlare" è spesso equiparato a "fare", coloro che preferiscono riflettere prima di agire o che traggono energia dalla solitudine sono stati inavvertitamente marginalizzati.

2. **Conseguenze dei Miti:** Questi malintesi non sono innocui. Possono limitare le opportunità professionali e personali degli introvertiti, influenzare negativamente la loro autostima e contribuire a un senso di alienazione. Gli introvertiti possono sentirsi spinti a conformarsi a un ideale estroverso, spesso a scapito del loro benessere.

3. **La Realtà degli Introvertiti:** Contrariamente a questi miti, gli introvertiti portano una serie di forze uniche e preziose alla tavola. Sono spesso

ascoltatori profondi, pensatori riflessivi e possono formare legami profondi e significativi. La loro propensione per l'analisi e l'introspezione può portare a innovazioni, soluzioni profonde a problemi complessi e una comprensione più profonda del mondo che li circonda.

4. **Oltre i Miti:** È cruciale per la società riconoscere e valorizzare le qualità uniche che gli introvertiti offrono. Questo non solo avvantaggerebbe gli introvertiti stessi, ma arricchirebbe collettivamente le comunità, le organizzazioni e le società nel loro complesso, sfruttando un ampio spettro di capacità e prospettive.

5. **Un Cambiamento Culturale:** Fortunatamente, con libri come "Quiet: The Power of Introverts in a World That Can't Stop Talking" e una crescente consapevolezza sull'argomento, stiamo assistendo a un lento ma sicuro cambiamento nella percezione dell'introversione. Una maggiore comprensione e accettazione della diversità delle personalità porterà a una società più inclusiva e armoniosa.

In sintesi, sfatare i miti sugli introvertiti non è solo un esercizio accademico. È un passo essenziale verso la creazione di un ambiente in cui ogni individuo, indipendentemente dalla sua natura introvertita o

estroversa, possa prosperare e contribuire in modo
significativo.

6. Potere Silenzioso: Esempi di leader introvertiti e il
loro impatto nel mondo.

Potere Silenzioso: Esempi di leader introvertiti e il loro impatto nel mondo.

L'idea che solo gli estroversi possano essere leader
efficaci è un mito radicato nella cultura popolare.
Tuttavia, la storia e il presente sono ricolmi di esempi
di leader introvertiti che hanno avuto un impatto
significativo e duraturo sul mondo. L'approccio
ponderato, la capacità di ascoltare profondamente e la
tendenza a riflettere prima di agire sono solo alcune
delle caratteristiche che possono rendere un
introvertito un leader eccezionale.

1. **Abraham Lincoln:** Considerato uno dei più
   grandi presidenti degli Stati Uniti, Lincoln era
   noto per la sua profonda riflessione e per la sua
   capacità di ascoltare attentamente. La sua natura
   introvertita gli ha permesso di considerare tutte
   le prospettive durante i tempi tumultuosi della
   Guerra Civile americana, portando alla fine alla

conservazione dell'Unione e all'abolizione della schiavitù.

2. **Mahatma Gandhi:** Leader del movimento di indipendenza indiano contro la dominazione britannica, Gandhi era noto per il suo stile di leadership tranquillo ma determinato. Attraverso la sua filosofia della non violenza, ha mobilitato milioni e ha ottenuto l'indipendenza per l'India senza spargimenti di sangue.

3. **Eleanor Roosevelt:** Sebbene non fosse una leader nel senso tradizionale, la sua influenza come Prima Donna e attivista per i diritti umani è indiscutibile. La sua natura riflessiva e introvertita l'ha aiutata a collegarsi profondamente con le cause che le stavano a cuore e a parlare con autorità su questioni di giustizia sociale.

4. **Bill Gates:** Fondatore di Microsoft e uno degli imprenditori di maggior successo al mondo, Gates è spesso descritto come introvertito. La sua capacità di immergersi profondamente nel lavoro e di riflettere intensamente ha contribuito all'innovazione tecnologica e alla nascita di un'intera industria.

5. **Rosa Parks:** Con un gesto silenzioso ma potente di rifiuto di cedere il suo posto sull'autobus, Parks è diventata una figura

simbolo del movimento per i diritti civili negli Stati Uniti. La sua natura tranquilla, ma risoluta, ha dimostrato che non è necessario essere vocale o estroverso per avere un impatto enorme.

6. **Warren Buffett:** Considerato uno dei più grandi investitori di tutti i tempi, Buffett è noto per la sua natura introvertita. La sua abilità di riflessione e analisi ha contribuito a prendere decisioni di investimento sagge e lungimiranti.

7. **J.K. Rowling:** L'autrice della famosa serie di Harry Potter è nota per essere introvertita. La sua capacità di immergersi nel mondo dell'immaginazione e di creare storie dettagliate e avvincenti ne è una testimonianza.

Questi esempi dimostrano che la leadership non si limita ai tratti estroversi di carisma e eloquenza. La profondità di pensiero, l'introspezione e la capacità di connettersi profondamente con le persone e le cause possono fare degli introvertiti leader eccezionali. Essi rappresentano un "potere silenzioso" che può influenzare il corso della storia e creare un impatto duraturo.

La nozione del "potere silenzioso" degli introvertiti ha delle radici profonde, e va oltre le semplici biografie di individui di spicco. In molte culture e in diversi periodi storici, l'arte del silenzio, della riflessione e della profonda introspezione è stata altamente rispettata, se non addirittura essenziale per una leadership efficace. Ma cosa rende un leader introvertito diverso, e in che modo il loro stile di leadership ha influenzato il corso degli eventi?

Stile di Leadership degli Introvertiti: Gli introvertiti tendono ad adottare un approccio di leadership più trasformazionale rispetto al comando e controllo. Invece di dirigere dall'alto, molti leader introvertiti optano per un approccio più collaborativo, dando voce ai membri del team e considerando diverse prospettive. Questo stile democratico può portare a soluzioni più innovative e a un maggiore coinvolgimento da parte del team.

Ascolto Attivo: Uno dei tratti distintivi di molti introvertiti è la capacità di ascoltare - veramente ascoltare. Nel contesto della leadership, questa capacità diventa inestimabile. L'ascolto attivo permette ai leader di comprendere meglio le preoccupazioni, le sfide e le aspirazioni dei loro team, stakeholder o cittadini. E, come risultato, possono prendere decisioni più informate e ponderate.

Riflessione Profonda: Mentre alcuni potrebbero vedere la tendenza degli introvertiti alla riflessione come indecisione, in realtà può essere una potente risorsa. Prendere il tempo per riflettere su una decisione può portare a soluzioni più efficaci e a una maggiore previsione delle conseguenze a lungo termine.

Comunicazione Deliberata: Anche se potrebbero non essere i primi a parlare in una stanza piena di persone, quando gli introvertiti parlano, spesso le loro parole sono deliberate e significative. Questa precisione nella comunicazione può ridurre malintesi e creare una visione chiara.

Empatia e Introspezione: Molti introvertiti hanno un alto livello di empatia, che può aiutarli a connettersi con le persone a un livello più profondo. Questa connessione può essere cruciale in situazioni di crisi o quando è necessario motivare e ispirare un gruppo o una nazione.

Approccio Calibrato al Rischio: Mentre gli estroversi possono essere più inclini a correre rischi, gli introvertiti tendono ad avere un approccio più calibrato. Valutano spesso i pro e i contro, cercando di prevedere potenziali ostacoli. Questo non significa che siano avversi al rischio, ma che quando decidono di correre un rischio, è spesso ben ponderato.

Inoltre, il potere silenzioso degli introvertiti non si limita alle alte sfere della leadership. In ogni comunità, organizzazione o gruppo, ci sono introvertiti che influenzano silenziosamente il corso degli eventi attraverso la loro dedizione, la loro etica del lavoro e il loro approccio ponderato ai problemi. Mentre potrebbero non cercare la luce dei riflettori come alcuni dei loro colleghi estroversi, il loro impatto è spesso altrettanto, se non più, profondo.

La diversità degli stili di leadership e l'ampio spettro di personalità che può abbracciare la leadership offrono un ricco terreno di analisi quando si esplora l'impatto degli introvertiti in posizioni di potere.

L'Effetto Calmante: In situazioni di alta tensione o crisi, la natura riflessiva e calma di un leader introvertito può avere un effetto stabilizzante sul team o sulla popolazione. Mentre alcuni potrebbero cercare discorsi infuocati o azioni audaci, la capacità di un introvertito di mantenere la calma e offrire soluzioni ponderate può essere rasserenante e dare fiducia.

La Capacità di Delegare: Poiché molti introvertiti preferiscono lavorare in profondità su pochi progetti piuttosto che gestire molteplici compiti superficialmente, hanno spesso sviluppato un'acuta capacità di delegare. Questo permette ai membri del team di assumersi responsabilità e di crescere professionalmente.

Profondità dell'Elaborazione delle Informazioni: Gli introvertiti tendono ad elaborare le informazioni in modo più profondo. Invece di saltare da un'idea all'altra, si soffermano su un concetto, esplorando tutte le sue sfaccettature. Questa capacità può portare a una comprensione più dettagliata e a decisioni più informate.

Costruzione di Relazioni Autentiche: Anche se gli introvertiti potrebbero non cercare ampie reti sociali, tendono a costruire relazioni profonde e significative. Queste connessioni autentiche possono portare a partnership durature e a una maggiore lealtà tra collaboratori o sostenitori.

Approccio Strategico: La natura riflessiva degli introvertiti spesso si traduce in una visione a lungo termine. Mentre altri potrebbero concentrarsi su guadagni a breve termine o soluzioni rapide, un introvertito può guardare al futuro, pianificando strategie che porteranno benefici a lungo termine.

Autenticità e Integrità: Molti introvertiti sono strettamente allineati ai loro valori personali e hanno una forte sensazione di chi sono. Questa autenticità può risuonare con coloro che li circondano, creando un senso di fiducia e rispetto.

Il Ruolo del Feedback: Gli introvertiti spesso ricercano feedback per riflettere e migliorare. Questo desiderio di apprendimento e adattamento li rende leader ricettivi e pronti a evolvere in base alle necessità dell'organizzazione o della comunità.

Flessibilità Culturale: In un mondo globalizzato, la capacità di un leader di adattarsi e comprendere diverse culture è fondamentale. Molti introvertiti, essendo osservatori attenti, possono percepire e adattarsi alle sfumature culturali, facilitando la comunicazione e la comprensione tra diverse popolazioni.

Presenza Silenziosa: La semplice presenza di un leader introvertito può spesso essere sottovalutata. Senza il bisogno di dominare ogni conversazione o riunione, danno spazio ad altri per esprimersi, promuovendo un ambiente di inclusività e rispetto.

Incoraggiare e valorizzare gli introvertiti nel mondo della leadership può portare a un cambiamento significativo, sfidando le tradizionali norme e aspettative e dimostrando che ci sono molteplici modi per guidare e influenzare.

Il potere degli introvertiti nel panorama del leadership si manifesta in molti modi sottili e diretti. Andando oltre i tratti e gli stili di leadership menzionati, possiamo esplorare ulteriori sfaccettature di questa dinamica.

Valutazione e Analisi: Laddove un estroverso potrebbe agire rapidamente, un introvertito potrebbe prima riflettere. Questa pausa, questo momento di riflessione, permette una valutazione approfondita che può evitare errori precipitosi o decisioni affrettate.

Ambienti di Lavoro Adattivi: La preferenza dell'introvertito per gli ambienti calmi e poco stimolanti può trasformarsi in spazi di lavoro che promuovono la concentrazione e la produttività. Questi ambienti possono essere particolarmente benefici per compiti che richiedono un'attenzione profonda.

Mentorato e Formazione: Anche se potrebbe sembrare controintuitivo, molti introvertiti eccellono nel ruolo di mentori. La loro capacità di ascolto e la tendenza a fornire feedback riflessivo possono offrire un apprendimento profondo ai loro mentee.

Fiducia nel Team: Poiché molti introvertiti preferiscono lavorare in autonomia, tendono anche a fidarsi delle competenze e delle capacità dei membri del loro team, permettendo una maggiore autonomia e potenziando la fiducia all'interno del gruppo.

Concentrazione sulle Competenze: Un leader introvertito può avere una maggiore propensione a valorizzare le competenze e le qualifiche piuttosto che la pura carisma o la capacità di comandare l'attenzione in una stanza. Questo approccio può portare a team più competenti e specializzati.

Inclusione Silenziosa: Mentre gli estroversi potrebbero cercare attivamente di includere altri attraverso conversazioni e interazioni, gli introvertiti possono creare un ambiente in cui le persone si sentono automaticamente incluse, senza la necessità di grandi gesti.

Decisioni Basate sui Dati: L'approccio riflessivo e analitico degli introvertiti può tradursi in una maggiore dipendenza da dati e ricerche nella presa di decisioni. Questo metodo basato sui dati può portare a scelte più obiettive e meno influenzate da emozioni o impulsività.

Gestione dei Conflitti: Invece di affrontare i conflitti con aggressività o dominanza, gli introvertiti possono optare per metodi di mediazione, cercando soluzioni win-win e promuovendo l'armonia all'interno del gruppo.

Valorizzazione del Tempo da Soli: Mentre la cultura aziendale può spingere verso riunioni costanti e brainstorming di gruppo, un leader introvertito riconosce il valore del tempo trascorso da soli per riflettere e lavorare in modo indipendente.

Costruzione di Legami Profondi: Anche se un introvertito potrebbe non avere una vasta rete di contatti, i legami che costruiscono sono spesso profondi e duraturi. Questi rapporti possono portare a collaborazioni a lungo termine e a un supporto duraturo.

Queste sfaccettature offrono solo un'immagine parziale del potere e dell'influenza degli introvertiti nel mondo della leadership. La realtà è che ogni leader, sia esso introvertito o estroverso, ha una combinazione unica di tratti e competenze che possono essere utilizzate per influenzare e ispirare. Tuttavia, in un mondo che spesso premia e celebra l'estroversione, è essenziale riconoscere e valorizzare le forze silenziose ma potenti degli introvertiti.

Ascolto Attivo: L'abilità degli introvertiti nell'ascoltare profondamente le persone va oltre la semplice comprensione delle parole. Essi sono in grado di percepire sfumature, emozioni non espresse e sottotesti nelle conversazioni. Questo li rende capaci di rispondere in modo più empatico e informato alle esigenze dei loro interlocutori.

Diplomazia e Tattica: Gli introvertiti spesso preferiscono evitare il confronto diretto. Questa tendenza può tradursi in un approccio diplomatico alla risoluzione dei problemi. Sanno come esprimere le loro opinioni in modo delicato, considerando i sentimenti altrui, il che può prevenire inutili tensioni o malintesi.

Profondità del Pensiero: Gli introvertiti tendono a riflettere in profondità su un argomento, considerando vari aspetti e angolazioni. Questa profondità di pensiero può portare a soluzioni innovative e ben ponderate che potrebbero sfuggire a chi pensa in modo più superficiale.

Responsabilità e Dedizione: Essendo meno inclini a cercare l'attenzione o il riconoscimento, molti introvertiti si dedicano ai loro compiti con un senso di responsabilità intrinseca. Questo può tradursi in un alto standard di lavoro e in una maggiore affidabilità.

Valutazione del Rischio: La natura riflessiva degli introvertiti spesso li porta a valutare i rischi in modo approfondito. Sono meno propensi a prendere decisioni impulsive e, quando lo fanno, è dopo aver attentamente considerato le potenziali conseguenze.

Focus e Perseveranza: L'amore dell'introvertito per la profondità spesso si traduce in una capacità di concentrarsi su un compito per lunghi periodi di tempo. Questa determinazione e resistenza può portare a risultati straordinari in progetti a lungo termine.

Networking Profondo: Mentre un estroverso potrebbe avere una vasta rete di contatti superficiali, un introvertito tende a costruire relazioni più profonde e significative. Questo tipo di networking può risultare in collaborazioni più forti e in relazioni lavorative più durature.

Auto-consapevolezza: Poiché gli introvertiti trascorrono molto tempo in riflessione, spesso possiedono un alto grado di auto-consapevolezza. Questa consapevolezza delle proprie forze e debolezze può aiutarli a lavorare in modo più efficace e ad adattarsi alle diverse situazioni.

Valutazione Delle Priorità: In un mondo in cui l'attenzione può essere facilmente divisa tra molte attività, gli introvertiti sono spesso abili nel discernere ciò che è veramente importante. Questa capacità di focalizzare le energie sulle priorità può portare a una maggiore efficacia.

Intuitività: Molti introvertiti possiedono una forte capacità intuitiva. Questo li rende capaci di "sentire" le situazioni o le persone, offrendo un'ulteriore dimensione di comprensione nelle decisioni e nelle interazioni.

Nel complesso, mentre la società può spesso oscurare o sottovalutare il potere degli introvertiti, le loro capacità innate li rendono adatti per molti ruoli di leadership e influenze nel mondo. Queste qualità, se riconosciute e valorizzate, possono portare a cambiamenti positivi in molte aree della società e dell'economia.

Il concetto del "Potere Silenzioso" degli introvertiti è uno degli aspetti più mal compresi e sottovalutati nella cultura contemporanea. L'efficacia di un leader non dovrebbe essere misurata solamente dalla sua capacità di parlare ad alta voce, di dominare una stanza o di mostrare carisma estroverso, ma anche dalla sua capacità di ascoltare, di riflettere profondamente e di costruire relazioni significative.

I leader introvertiti, come molti di quelli menzionati, hanno mostrato che la capacità di pensare in profondità, l'approccio riflessivo alla risoluzione dei problemi e la capacità di connettersi profondamente con gli altri sono altrettanto validi, se non di più, di qualsiasi qualità estroversa tradizionalmente associata alla leadership.

In realtà, in molte situazioni, queste qualità introvertite possono essere di gran lunga preferibili. In contesti in cui è necessaria una riflessione profonda, una ponderazione del rischio o una comprensione empatica degli altri, gli introvertiti spesso eccellono. Allo stesso modo, in situazioni che richiedono diplomazia, tattica e una comunicazione profondamente consapevole, gli introvertiti possono spesso superare i loro colleghi estroversi.

Tuttavia, la società ha la tendenza di confondere l'estroversione con la capacità di leadership, una percezione che può impedire agli introvertiti di raggiungere posizioni di autorità o di avere l'impatto che potrebbero avere. Questo è un peccato, dato che molti introvertiti possiedono le qualità necessarie per essere leader eccezionali.

In conclusione, il "Potere Silenzioso" degli introvertiti non è qualcosa che dovrebbe essere trascurato o sottovalutato. È un ricordo potente che la leadership può manifestarsi in molte forme diverse e che la chiave del successo come leader non sta nel modo in cui una persona si presenta esternamente, ma in come si collega, riflette e agisce in modo efficace e autentico. La valorizzazione e il riconoscimento delle qualità uniche che gli introvertiti portano al tavolo possono solo arricchire il tessuto della leadership e la comprensione della società su cosa significhi veramente guidare.

7. L'ambiente di Lavoro Ideale: Come gli spazi possono essere progettati per favorire sia introvertiti che estroversi.

L'ambiente di lavoro gioca un ruolo cruciale nel determinare quanto efficacemente i dipendenti possono eseguire i loro compiti, collaborare con i colleghi e contribuire al successo complessivo di un'organizzazione. La progettazione degli uffici ha subito molte evoluzioni nel corso degli anni, con tendenze che oscillano tra uffici cubical, open space e uffici privati. Tuttavia, la chiave per un ambiente di lavoro veramente efficace sta nel riconoscere e soddisfare le esigenze sia degli introvertiti che degli estroversi. Vediamo come:

1. Aree Private: Gli introvertiti prosperano spesso in ambienti tranquilli dove possono concentrarsi senza distrazioni. Avere spazi di lavoro individuali o piccoli uffici, o anche solo delle cabine di lavoro, può aiutare gli introvertiti a lavorare in modo più efficace. Questi spazi offrono un rifugio dal rumore e dalle distrazioni, permettendo una concentrazione profonda.

2. Spazi di Collaborazione: Gli estroversi traggono energia dalle interazioni sociali e spesso trovano stimolante lavorare in gruppo. Avere spazi di collaborazione aperti, come sale riunioni informali o aree lounge, può essere benefico. Questi spazi incoraggiano la brainstorming, la discussione e l'interazione spontanea.

3. Tecnologia Flessibile: Permettere ai dipendenti di utilizzare cuffie o di avere accesso a software di videoconferenza può aiutare sia introvertiti che estroversi. Gli introvertiti possono utilizzare cuffie per bloccare le distrazioni in un ambiente aperto, mentre gli estroversi possono utilizzare la videoconferenza per comunicare e collaborare con i colleghi da remoto.

4. Aree Verdi e Spazi Esterni: La ricerca ha dimostrato che la natura può avere un effetto calmante e può aiutare a ridurre lo stress. Avere spazi esterni come giardini, terrazze o anche semplici balconi può offrire a tutti i dipendenti un luogo per rilassarsi, riflettere o anche lavorare all'aperto.

5. Zona Silenziosa: Una tendenza emergente negli uffici moderni è la creazione di "zone silenziose" dove non è permesso parlare. Queste zone sono ideali per gli introvertiti che cercano un ambiente tranquillo, ma possono anche beneficiare gli estroversi che hanno bisogno di concentrarsi profondamente su un compito.

6. Flex Space: Avere spazi che possono essere facilmente riconfigurati o adattati in base alle esigenze può essere utile. Ciò consente agli introvertiti di avere un rifugio quando necessario, mentre offre agli estroversi la flessibilità di creare aree collaborative quando lo desiderano.

7. Politiche di Lavoro Flessibile: Permettere ai dipendenti di lavorare da casa o di avere orari flessibili può beneficiare sia introvertiti che estroversi. Mentre gli introvertiti possono apprezzare l'opportunità di lavorare in un ambiente controllato e tranquillo, gli estroversi possono apprezzare la libertà di organizzare incontri o di lavorare in spazi co-working.

In sintesi, l'ambiente di lavoro ideale è quello che riconosce e accoglie la diversità delle esigenze dei suoi dipendenti. Non esiste una soluzione unica per tutti, ma una combinazione di spazi privati, aree collaborative, tecnologia e politiche flessibili può aiutare a creare un ambiente in cui sia introvertiti che estroversi possano prosperare.

Mentre gli spazi fisici sono cruciali, l'ambiente di lavoro ideale per introvertiti ed estroversi va oltre la semplice disposizione delle scrivanie o la presenza di stanze silenziose. Esploriamo ulteriormente alcuni aspetti più sottili ma essenziali:

Cultura Organizzativa: La cultura aziendale gioca un ruolo significativo nel determinare come gli introvertiti ed estroversi percepiscono e interagiscono con il loro ambiente di lavoro. Una cultura che valorizza la diversità di pensiero e approccio è essenziale. Gli introvertiti devono sentirsi apprezzati per la loro riflessione profonda e capacità di ascolto, mentre gli estroversi dovrebbero sentirsi riconosciuti per la loro capacità di stimolare la discussione e l'energia che portano al team.

Formazione e Sviluppo: Programmi di formazione che tengono conto delle diverse modalità di apprendimento degli introvertiti ed estroversi possono fare una grande differenza. Gli introvertiti potrebbero preferire l'apprendimento autonomo o le sessioni di formazione online dove possono riflettere e procedere al proprio ritmo. Gli estroversi, d'altra parte, potrebbero trarre maggior beneficio da sessioni di gruppo o workshop interattivi.

Feedback e Valutazioni: Gli introvertiti potrebbero preferire feedback uno-a-uno o scritti, dove hanno il tempo di elaborare e riflettere sulle informazioni ricevute. Gli estroversi potrebbero apprezzare feedback immediati e discussioni aperte, dove possono chiedere chiarimenti e interagire direttamente.

Opportunità di Networking: Mentre gli estroversi possono trovare energizzante e stimolante partecipare a grandi eventi di networking, gli introvertiti potrebbero trovarli opprimenti. Offrire una varietà di opportunità, come piccoli gruppi di discussione o sessioni di mentoring, può aiutare entrambi i gruppi a costruire relazioni professionali in modo efficace.

Riconoscimento e Ricompense: Gli introvertiti potrebbero non sentirsi a proprio agio con riconoscimenti pubblici o grandi manifestazioni di apprezzamento. Un riconoscimento più privato, come una nota di ringraziamento o un feedback positivo durante una recensione, potrebbe essere più significativo per loro. Gli estroversi, d'altra parte, potrebbero apprezzare il riconoscimento pubblico e condividere i loro successi con il team.

Strumenti e Risorse: Fornire agli introvertiti risorse come libri, webinar o corsi online può aiutarli a approfondire le loro conoscenze e competenze. Gli estroversi potrebbero beneficiare di piattaforme collaborative, come software di chat di gruppo o strumenti di gestione del progetto, dove possono interagire e condividere idee in tempo reale.

Infine, l'inclusione e la considerazione sono fondamentali. Mentre progettare un ambiente di lavoro in base alla disposizione degli introvertiti ed estroversi è importante, è altrettanto cruciale riconoscere che ciascun individuo ha un mix unico di entrambe le tendenze. Ascoltare attivamente le esigenze dei dipendenti e adattarsi di conseguenza può creare un ambiente di lavoro veramente inclusivo e produttivo.

Tecnologia e Strumentazione: In un'era dominata dalla digitalizzazione e dalla connettività, gli strumenti tecnologici utilizzati possono avere un impatto significativo sul benessere e sulla produttività dei lavoratori. Gli introvertiti, ad esempio, potrebbero beneficiare di strumenti che permettono loro di lavorare in modo autonomo e concentrato, come software di cancellazione del rumore o applicazioni di organizzazione del lavoro. Al contrario, gli estroversi potrebbero preferire piattaforme di collaborazione in tempo reale, come software di videoconferenza o chat di gruppo.

Orari Flessibili: L'adozione di orari di lavoro flessibili può beneficiare sia introvertiti che estroversi. Mentre un introvertito potrebbe preferire lavorare durante le ore meno affollate per concentrarsi meglio, un estroverso potrebbe trarre vantaggio dalla socializzazione e dalla collaborazione durante le ore di punta. L'accesso al lavoro remoto può anche fornire agli introvertiti l'ambiente tranquillo e privo di distrazioni che desiderano.

Riunioni ed Eventi Aziendali: Le riunioni, se non gestite correttamente, possono diventare un campo minato per gli introvertiti. L'introduzione di modalità come "silent meetings" (riunioni in cui i partecipanti comunicano scrivendo piuttosto che parlando) può dare agli introvertiti l'opportunità di esprimersi senza sentirsi sopraffatti. Gli estroversi, d'altro canto, possono apprezzare le sessioni brainstorming o i workshop interattivi. Per gli eventi aziendali, considerare opzioni sia per grandi festeggiamenti che per incontri più intimi può aiutare a soddisfare le esigenze di tutti.

Opportunità di Crescita Personale: Mentre gli estroversi potrebbero essere attratti da ruoli che richiedono interazione e presentazione, gli introvertiti potrebbero essere più inclini verso ruoli di ricerca, pianificazione o scrittura. Offrire una varietà di percorsi di carriera e opportunità può garantire che tutti i dipendenti, indipendentemente dalla loro natura, abbiano l'opportunità di crescere e prosperare.

Salute e Benessere: Un ambiente di lavoro ideale dovrebbe anche considerare il benessere fisico e mentale dei dipendenti. Gli introvertiti potrebbero trarre vantaggio da spazi tranquilli per la meditazione o il relax, mentre gli estroversi potrebbero apprezzare spazi di socializzazione come aree lounge o spazi per il gioco.

Comunicazione e Feedback: Molte aziende stanno adottando piattaforme di feedback anonimo, che possono essere particolarmente utili per gli introvertiti che potrebbero non sentirsi a proprio agio nel dare feedback direttamente. D'altra parte, gli estroversi potrebbero apprezzare sessioni di feedback in tempo reale o riunioni faccia a faccia.

In definitiva, è fondamentale che le organizzazioni comprendano che non esiste una soluzione unica per tutti. Creare un ambiente di lavoro che rispetti e valorizzi le diverse esigenze dei dipendenti, tenendo conto delle loro inclinazioni introverse o estroverse, può fare la differenza nella loro soddisfazione e produttività.

Design Spaziale e Acustica: Una parte fondamentale dell'ambiente di lavoro è la progettazione fisica dello spazio. Le aree aperte, ad esempio, possono favorire l'interazione e la collaborazione, ma possono anche diventare fonti di distrazione per gli introvertiti, che potrebbero avere difficoltà a concentrarsi a causa del rumore di fondo. Gli estroversi, d'altro canto, potrebbero trarre energia dalla natura vivace di questi spazi aperti. Quindi, l'incorporazione di cabine insonorizzate o piccoli uffici può fornire un rifugio per coloro che hanno bisogno di una pausa dal trambusto.

Zone Verdi e Spazi all'Aperto: Le aree verdi, come giardini o terrazze, possono offrire una pausa rinfrescante dalla routine quotidiana dell'ufficio. Gli introvertiti potrebbero trovare queste aree come luoghi ideali per riflettere o semplicemente per prendersi un momento di pausa. Anche gli estroversi possono beneficiare di questi spazi, utilizzandoli per socializzare o tenere riunioni informali.

Tecnologia e Personalizzazione: In un'epoca in cui la tecnologia è sempre più integrata negli ambienti di lavoro, la capacità di personalizzare la propria postazione può essere fondamentale. Questo può significare avere accesso a software o applicazioni che consentono agli introvertiti di lavorare in modo più efficiente, o dispositivi che possono aiutare a creare un ambiente più confortevole, come luci regolabili o sedie ergonomiche.

Formazione e Educazione: La formazione continua è fondamentale in qualsiasi ambiente di lavoro. Tuttavia, il modo in cui viene erogata può variare a seconda delle preferenze individuali. Gli introvertiti potrebbero preferire formati di e-learning, che consentono loro di procedere al proprio ritmo e riflettere in profondità sul materiale. Gli estroversi, invece, potrebbero prosperare in sessioni di formazione di gruppo o workshop interattivi.

Politiche di Lavoro Flessibile: Oltre agli orari flessibili, le politiche che permettono ai dipendenti di scegliere dove lavorare, che si tratti di lavoro da casa, coworking o altri luoghi, possono beneficiare tutti. Gli introvertiti potrebbero avere giornate in cui preferiscono lavorare da un luogo tranquillo, mentre gli estroversi potrebbero trarre ispirazione da ambienti più sociali.

Interazione e Networking: Mentre gli introvertiti possono trovare eccessive interazioni sociali stancanti, è importante riconoscere che anche loro hanno bisogno di collegamenti e reti di supporto. L'organizzazione di eventi di networking che incoraggiano interazioni più profonde e significative, piuttosto che semplici chiacchiere, può essere più allettante per gli introvertiti.

L'obiettivo principale nella creazione di un ambiente di lavoro ideale è garantire che tutti i dipendenti, indipendentemente dalla loro inclinazione introvertita o estrovertita, si sentano valorizzati e capiti. Con una pianificazione attenta e considerata, è possibile costruire spazi che favoriscano la produttività, la creatività e il benessere di ogni individuo.

Flessibilità in Materia di Collaborazione: Mentre le sale riunioni possono essere spazi ideali per brainstorming e collaborazione tra estroversi, possono a volte diventare opprimenti per gli introvertiti. La soluzione potrebbe essere la creazione di spazi di collaborazione modulabili, dove i tavoli e le sedie possono essere riorganizzati a seconda delle esigenze. Gli introvertiti potrebbero apprezzare aree più piccole e intime, dove possono collaborare con un piccolo gruppo senza l'intensità di una grande sala riunioni.

Illuminazione: L'illuminazione gioca un ruolo cruciale nell'impostazione dell'umore e della produttività in un ufficio. Mentre l'illuminazione brillante e diretta può energizzare gli estroversi, può risultare troppo intensa per alcuni introvertiti. L'introduzione di luci regolabili, o la possibilità per i dipendenti di personalizzare l'illuminazione del proprio spazio, può fare una grande differenza. L'uso di luci naturali, attraverso finestre ampie e spazi aperti, può anche aiutare a bilanciare l'energia dell'ufficio.

Pause e Spazi di Riflessione: Incorporare spazi dedicati alle pause può essere estremamente benefico. Questi possono essere angoli tranquilli con comode poltrone o persino stanze dedicate alla meditazione o al riposo. Mentre gli estroversi potrebbero utilizzare questi spazi per conversazioni tranquille, gli introvertiti potrebbero trovarli ideali per un po' di tempo da soli e riflessione.

Feedback e Comunicazione: Anche il modo in cui le informazioni vengono condivise e discusse può variare a seconda delle preferenze introverse o estroverse. Ad esempio, mentre gli estroversi potrebbero preferire riunioni di gruppo e sessioni di brainstorming, gli introvertiti potrebbero prosperare meglio attraverso la comunicazione scritta, come e-mail o piattaforme di messaggistica istantanea. Offrire vari canali di comunicazione permette a tutti di interagire nel modo che risulta più comodo.

Opportunità di Crescita Professionale: Ogni individuo, sia introvertito che estroverso, cerca opportunità di crescita e sviluppo. Mentre gli estroversi potrebbero essere più inclini a partecipare a seminari o conferenze di grande portata, gli introvertiti potrebbero apprezzare sessioni di formazione più piccole o corsi online. L'importante è assicurarsi che ci siano risorse e opportunità disponibili per tutti i tipi di personalità.

Ergonomia e Comfort: La comodità fisica è essenziale in qualsiasi ambiente di lavoro. Ciò può variare da sedie ergonomiche a tavoli regolabili in altezza, che possono essere adattati alle esigenze individuali. Mentre un introvertito potrebbe apprezzare una sedia più isolata e avvolgente, un estroverso potrebbe preferire una sedia aperta che faciliti la conversazione con i colleghi.

La comprensione e l'attenzione ai dettagli possono davvero fare la differenza nella creazione di un ambiente di lavoro inclusivo e produttivo. La chiave sta nel riconoscere che non esiste una soluzione unica per tutti e che, con una riflessione e una pianificazione attenta, è possibile creare spazi che rispondano alle esigenze di tutti.

Conclusione sull'Ambiente di Lavoro Ideale per Introvertiti ed Estroversi:

Nel contesto lavorativo contemporaneo, l'importanza di un ambiente di lavoro che rispecchi e risponda alle esigenze di ogni tipo di personalità non può essere sottolineata abbastanza. L'approccio "taglia unica per tutti" ai design degli uffici non solo è superato, ma può anche limitare gravemente la produttività, la creatività e il benessere generale dei dipendenti.

L'essenza dell'argomento non riguarda solamente la divisione tra introvertiti ed estroversi, ma piuttosto la capacità di riconoscere e valorizzare le diversità all'interno di un'organizzazione. La chiave sta nel comprendere che ogni individuo ha un proprio modo unico di lavorare, interagire e contribuire al successo complessivo dell'azienda.

Gli introvertiti, ad esempio, potrebbero prosperare in ambienti più tranquilli, dove possono concentrarsi profondamente e riflettere senza distrazioni. Questo non significa che necessitano di isolamento completo, ma piuttosto di spazi che offrano un equilibrio tra interazione e riflessione. Gli estroversi, d'altra parte, possono trarre energia e ispirazione dall'interazione con i colleghi e potrebbero preferire spazi aperti e aree collaborative.

Tuttavia, è fondamentale ricordare che non tutti gli introvertiti o estroversi si conformeranno a questi stereotipi, e ci saranno sempre eccezioni. Ecco perché la personalizzazione e la flessibilità sono così cruciali. La capacità di adattare lo spazio di lavoro alle esigenze individuali, dalla disposizione dei mobili all'illuminazione, può avere un impatto significativo sul benessere e sulla produttività.

Inoltre, nell'era post-pandemica, dove il lavoro flessibile e da remoto sta diventando sempre più la norma, le aziende devono anche considerare come possono sostenere i loro dipendenti in una varietà di ambienti di lavoro. Questo potrebbe includere la fornitura di risorse per la creazione di uffici domestici ergonomici o l'introduzione di software che faciliti la comunicazione tra i team.

In conclusione, l'ambiente di lavoro ideale per introvertiti ed estroversi non si riduce a una formula semplice. Si tratta piuttosto di un processo continuo di apprendimento, adattamento e innovazione. Le aziende che sono in grado di comprendere e rispondere alle esigenze dei loro dipendenti non solo vedranno un aumento della produttività e della soddisfazione, ma saranno anche meglio posizionate per attrarre e trattenere talenti in un mercato del lavoro sempre più competitivo.

8. Educare Introversi: Sfide e opportunità nel sistema educativo attuale.

Educare Introversi: Sfide e opportunità nel sistema educativo attuale.

Sfide:

1. **Ambienti rumorosi e stimolanti:** Le aule tradizionali possono essere sovraffollate e rumorose, ambienti che possono essere travolgenti per gli studenti introvertiti che tendono a lavorare meglio in ambienti tranquilli.

2. **Partecipazione orale:** Molti sistemi educativi enfatizzano la partecipazione orale come una componente chiave della valutazione. Gli introvertiti possono trovare difficile esprimersi in classi grandi o in discussioni di gruppo, preferendo riflettere prima di parlare.

3. **Struttura dei gruppi:** L'educazione moderna tende a favorire il lavoro di gruppo, il che può mettere gli introvertiti in una posizione in cui si

sentono soverchiati o in cui le loro idee vengono messe in secondo piano.

4. **Incomprensioni:** Gli insegnanti possono scambiare la riservatezza degli introvertiti per timidezza, riluttanza o addirittura apatia, senza riconoscere il potenziale che questi studenti portano.

5. **Pressione sociale:** La scuola non è solo un luogo di apprendimento; è anche un microcosmo sociale. Gli introvertiti possono trovarsi a lottare con la pressione coetanea di conformarsi o di essere più estroversi.

Opportunità:

1. **Approcci personalizzati:** Riconoscendo che ogni studente ha un proprio stile di apprendimento, gli educatori possono adottare metodi che valorizzano sia gli introvertiti che gli estroversi. Questo potrebbe includere un mix di istruzione individuale, apprendimento online e lavoro di gruppo.

2. **Tecnologia a vantaggio:** Piattaforme online e software educativo possono fornire agli introvertiti le risorse per esplorare e apprendere al proprio ritmo, oltre a dare loro un mezzo per esprimersi in modi diversi dalla comunicazione faccia a faccia.

3. **Spazi tranquilli:** Creare zone di "riflessione" o "quiete" dove gli studenti possono riflettere, leggere o concentrarsi sui compiti può aiutare gli introvertiti a ricaricare.

4. **Valutazione differenziata:** Oltre alle discussioni di classe o alle presentazioni, gli educatori possono utilizzare diari, saggi e progetti individuali come modi per gli introvertiti di dimostrare la loro comprensione e la loro creatività.

5. **Educazione socio-emotiva:** Integrare programmi che insegnano l'autoconsapevolezza, la gestione delle emozioni e la comprensione delle differenze individuali può aiutare tutti gli studenti, compresi gli introvertiti, a navigare e prosperare nell'ambiente scolastico.

In sintesi, educare gli introvertiti in un sistema che spesso valorizza l'estroversione presenta delle sfide. Tuttavia, con la crescente comprensione della diversità di apprendimento e l'emergere di nuove tecnologie e metodi pedagogici, ci sono molte opportunità per assicurare che gli introvertiti non solo sopravvivano, ma prosperassero nel contesto educativo.

Educare Introversi: Ulteriori Considerazioni

Sfide:

6. **Feedback immediato:** Gli introvertiti spesso preferiscono riflettere sul feedback ricevuto prima di rispondere. Tuttavia, molti ambienti educativi enfatizzano il feedback immediato, mettendo gli studenti introvertiti in una posizione in cui potrebbero sentirsi a disagio o non preparati a rispondere.

7. **Esposizione costante:** Le attività come le presentazioni orali o la partecipazione a dibattiti possono essere estremamente stressanti per gli introvertiti, che potrebbero sentirsi costantemente sotto i riflettori.

8. **Strutturazione temporale:** Mentre gli estroversi possono adattarsi rapidamente ai cambiamenti e ai ritmi veloci, gli introvertiti spesso prosperano in ambienti strutturati con tempi chiaramente definiti.

9. **Interazioni sociali:** Gli eventi non accademici, come le pause o le attività extrascolastiche, possono essere visti come opportunità per gli studenti di socializzare. Tuttavia, questi momenti potrebbero rappresentare ulteriori sfide per gli introvertiti.

Opportunità:

6. **Mentoring e tutoraggio:** Creare programmi in cui gli introvertiti possono lavorare con mentor o tutor può aiutarli a sentirsi supportati e compresi. Questi rapporti one-to-one possono offrire un'opportunità per gli introvertiti di condividere le loro preoccupazioni e obiettivi in un ambiente più intimo.

7. **Clubs e attività mirate:** Mentre gli introvertiti potrebbero non prosperare in ambienti sociali grandi e rumorosi, potrebbero trovare soddisfazione in club o attività che sono più in linea con i loro interessi specifici. Ad esempio, un club di scrittura o un gruppo di lettura potrebbe essere più attraente per un introvertito rispetto a un grande club sociale.

8. **Apprendimento basato su progetti:** Molti introvertiti prosperano quando sono in grado di immergersi profondamente in un argomento o in un progetto. L'apprendimento basato su progetti permette agli introvertiti di fare proprio un argomento, di approfondirlo e di presentarlo nei modi che trovano più soddisfacenti.

9. **Strategie di coping e resilienza:** Gli educatori possono fornire agli studenti introvertiti strategie e risorse per gestire lo stress e la pressione in ambienti che favoriscono

l'estroversione. Questo potrebbe includere tecniche di rilassamento, sessioni di consapevolezza o corsi di autostima.

10. **Programmi di formazione per insegnanti:** Per comprendere e supportare meglio gli studenti introvertiti, gli educatori stessi possono beneficiare di formazioni che esplorano le diverse personalità e modi di apprendimento. Questo può aiutare a creare un ambiente più inclusivo e adattabile per tutti gli studenti.

Attraverso una maggiore comprensione delle sfide e delle opportunità uniche che gli introvertiti affrontano nel sistema educativo, si può sperare di creare ambienti che non solo riconoscono le differenze individuali, ma le celebrano e le utilizzano come forza. Gli introvertiti hanno molto da offrire, e con il supporto e le risorse giuste, possono eccellere e dare un contributo significativo alla comunità educativa.

Educare Introversi: Sfumature e Approfondimenti

Ambiente di Apprendimento:

1. **Disposizione delle aule:** Gli spazi di apprendimento tradizionali, organizzati con banchi rivolti verso una lavagna centrale, potrebbero non essere l'ideale per gli introvertiti. Spazi più flessibili, con angoli tranquilli o aree dedicate alla riflessione, potrebbero offrire una migliore esperienza di apprendimento.

2. **Utilizzo della tecnologia:** Gli introvertiti potrebbero trovarsi più a proprio agio in ambienti di apprendimento online o ibridi, dove possono partecipare alle discussioni a proprio ritmo, senza la pressione delle interazioni faccia a faccia.

3. **Accesso a risorse di apprendimento autonomo:** Mentre l'apprendimento collaborativo ha i suoi vantaggi, dovrebbe essere bilanciato con opportunità per l'apprendimento autonomo. Biblioteche ben fornite, risorse online e laboratori indipendenti possono essere particolarmente benefici per gli studenti introvertiti.

Valutazione e Feedback:

4. **Feedback scritto vs. orale:** Gli introvertiti possono beneficiare di un feedback più dettagliato e scritto, che possono elaborare nel loro tempo libero, piuttosto che di risposte immediate e orali.

5. **Valutazioni alternative:** Invece di grandi presentazioni orali o dibattiti, considerare l'uso di portfolio, progetti scritti o presentazioni video come alternative valide.

Relazioni Interpersonali:

6. **Gruppi piccoli vs. grandi:** Gli introvertiti potrebbero trovarsi meglio in gruppi più piccoli o in attività di coppia, dove possono stabilire connessioni più profonde e sentire meno la pressione di un grande gruppo.

7. **Programmi di peer support:** Connessioni uno a uno con compagni di classe, magari attraverso programmi di tutoraggio o di supporto, possono essere particolarmente utili per gli introvertiti.

Insegnamento e Didattica:

8. **Diversità di metodi:** Mentre le lezioni magistrali possono funzionare per alcuni, gli introvertiti potrebbero beneficiare di una varietà

di metodi didattici, come studi di caso, apprendimento basato su problemi o lezioni interattive.

9. **Momenti di pausa:** Anziché avere lunghe sessioni di lezione, incorporare brevi pause per permettere agli introvertiti (e a tutti gli studenti, in realtà) di riflettere, prendere appunti o semplicemente fare una pausa mentale.

10. **Accesso a materiali supplementari:** Gli introvertiti spesso amano approfondire e esplorare argomenti a fondo. Fornire loro risorse supplementari o lettura addizionale può arricchire la loro esperienza di apprendimento.

Riconoscendo e adattandosi alle esigenze degli introvertiti, il sistema educativo può non solo aiutarli a navigare nelle sfide quotidiane, ma anche a sfruttare appieno i loro punti di forza unici.

Conclusione Dettagliata: Educare Introversi - Sfide e Opportunità nel Sistema Educativo Attuale

La comprensione delle specifiche necessità educative degli introvertiti è fondamentale per costruire un sistema che offra a tutti gli studenti la possibilità di prosperare. L'educazione, nella sua essenza, dovrebbe andare al di là dell'unica dimensione e raggiungere ogni individuo nel modo più efficace possibile, tenendo conto delle peculiarità del suo temperamento.

Negli ultimi decenni, la tendenza predominante nell'educazione è stata quella di promuovere la collaborazione, l'apprendimento basato sul gruppo e le presentazioni orali, spesso mettendo in ombra la profondità, la riflessione e l'indipendenza che molti introvertiti valorizzano. Questo orientamento ha, in molti casi, portato a situazioni in cui gli studenti introvertiti possono sentirsi inadeguati o fuori posto, a discapito del loro rendimento accademico e benessere emotivo.

E' fondamentale riconoscere che l'introversione non è un difetto, né una carenza, ma piuttosto una diversa modalità di interazione con il mondo. Gli introvertiti possono offrire prospettive profonde, riflessive e dettagliate che arricchiscono l'ambiente di apprendimento. Inoltre, molti introvertiti mostrano una grande passione per l'apprendimento autonomo, la ricerca e l'esplorazione indipendente.

Pertanto, per creare un ambiente di apprendimento veramente inclusivo, è essenziale che le istituzioni educative:

- Adattino gli ambienti fisici delle aule per permettere sia l'interazione che la riflessione indipendente.

- Forniscano opzioni pedagogiche diverse per soddisfare le diverse modalità di apprendimento.

- Incorporino tecniche di valutazione che riconoscano e valorizzino le forze sia degli introvertiti che degli estroversi.

- Sostengano gli introvertiti nella costruzione di relazioni significative, riconoscendo che la qualità delle connessioni può avere la precedenza sulla quantità.

- Investano in formazione per gli insegnanti, aiutandoli a comprendere e adattarsi alle esigenze degli introvertiti.

In definitiva, riconoscendo le sfide e sfruttando le opportunità che l'educazione degli introvertiti presenta, possiamo costruire un sistema educativo che non solo rispetta la diversità di temperamento, ma che anche lo celebra. L'obiettivo dovrebbe essere creare un ambiente in cui ogni studente, indipendentemente dal suo temperamento, abbia le risorse, il supporto e le opportunità per raggiungere il suo pieno potenziale.

9. Tecniche per gli Introversi: Strategie per prosperare in un mondo estroverso.

L'adattabilità degli introvertiti a un mondo dominato da una cultura estroversa è una testimonianza della loro resilienza e comprensione. Tuttavia, con le giuste strategie, gli introvertiti possono non solo adattarsi, ma anche prosperare e sfidare le percezioni tradizionali associate al loro temperamento. Ecco alcune tecniche e strategie che possono aiutarli a navigare con successo in un ambiente prevalentemente estroverso:

1. **Riconoscimento della propria forza**: Prima di tutto, è essenziale che un introvertito riconosca e apprezzi le sue qualità uniche. Questo può includere la capacità di ascoltare profondamente, riflettere prima di agire o parlare, e una predilezione per il pensiero profondo.

2. **Pianificazione delle interazioni sociali**: Prevedere periodi di riposo o di "ricarica" dopo eventi sociali intensi può aiutare gli introvertiti a gestire meglio l'energia. Questo può includere ritagliarsi del tempo per rilassarsi in solitudine o dedicarsi a hobby tranquilli.

3. **Stabilire confini chiari**: Affermare i propri bisogni e stabilire confini è fondamentale per

garantire che gli introvertiti non si sentano sopraffatti o esauriti. Ciò potrebbe significare dire "no" a determinati eventi o prendersi del tempo lontano dal trambusto.

4. **Preparazione per le presentazioni e le riunioni**: Se la prospettiva di parlare in pubblico o partecipare a grandi riunioni può sembrare scoraggiante, una preparazione accurata può fare la differenza. Essere ben preparati dà sicurezza e riduce l'ansia.

5. **Sviluppare abilità di ascolto**: Uno dei punti di forza degli introvertiti è la loro capacità di ascoltare. Coltivando questa abilità, possono diventare comunicatori e collaboratori efficaci, creando legami profondi e significativi.

6. **Cercare ambienti di lavoro flessibili**: Gli spazi di lavoro aperti possono essere difficili per gli introvertiti. Se possibile, cercare opportunità di lavoro che offrano una certa flessibilità, come la possibilità di lavorare da casa o avere un proprio ufficio.

7. **Networking in modo autentico**: Invece di cercare di adattarsi alle aspettative tradizionali di networking, gli introvertiti possono cercare connessioni più profonde e significative. Ciò potrebbe significare partecipare a piccoli eventi o cercare conversazioni one-to-one.

8. **Utilizzo della tecnologia a proprio vantaggio**: La tecnologia ha offerto nuovi modi per gli introvertiti di esprimersi, che possono risultare meno estenuanti rispetto alle interazioni faccia a faccia. Questo può includere la scrittura di blog, la partecipazione a forum online o l'uso di piattaforme di social media in modo riflessivo.

9. **Formazione continua**: Gli introvertiti possono trarre beneficio dall'apprendimento di nuove competenze, specialmente quelle che potenzierebbero le loro capacità naturali, come corsi di comunicazione efficace o gestione del tempo.

10. **Meditazione e mindfulness**: Queste pratiche possono aiutare gli introvertiti a centrarsi, gestire lo stress e riconnettersi con se stessi, specialmente dopo periodi di intensa interazione sociale.

In sintesi, mentre vivere in un mondo estroverso può presentare delle sfide per gli introvertiti, con le giuste strategie possono non solo sopravvivere, ma prosperare. Riconoscendo i propri punti di forza e imparando a navigare nelle sfide, gli introvertiti possono vivere una vita autentica e soddisfacente.

Gli introvertiti, pur essendo spesso fraintesi in un mondo che valorizza l'espansività e l'estroverso ideale, possiedono un set unico di qualità e competenze che, se riconosciute e valorizzate, possono portare a un profondo senso di realizzazione e successo. La chiave sta nell'applicare le giuste strategie e nel comprendere profondamente come il loro temperamento può essere utilizzato a proprio vantaggio.

Tecniche di Autocoscienza: Una delle forze principali degli introvertiti è la profonda introspezione. Questa capacità di guardare all'interno e riflettere sulle proprie esperienze può essere utilizzata per aumentare la consapevolezza di sé. Attraverso la tenuta di un diario, per esempio, gli introvertiti possono analizzare e comprendere meglio le loro reazioni a determinate situazioni, permettendo loro di prepararsi meglio per future interazioni o eventi.

Adattarsi alle Circostanze: Mentre gli introvertiti potrebbero non godere di grandi feste o eventi sociali, possono imparare a trovare piccoli momenti all'interno di queste situazioni che si allineano con le loro inclinazioni. Questo potrebbe includere la ricerca di conversazioni più intime e significative in un angolo tranquillo durante una festa o la focalizzazione sulla qualità delle interazioni piuttosto che sulla quantità.

Sviluppo delle Competenze di Problem Solving: La tendenza degli introvertiti a riflettere profondamente li rende ottimi risolutori di problemi. L'allenamento e il raffinamento di queste capacità, magari attraverso giochi di logica, enigmi o situazioni di vita reale, possono aiutarli a sentirsi più sicuri nelle loro capacità decisionali.

Networking Alternativo: Mentre le grandi conferenze o i mixer potrebbero sembrare scoraggianti, gli introvertiti possono trovare modi alternativi per costruire relazioni professionali. Questo potrebbe includere partecipare a seminari online, webinar o piccoli gruppi di discussione su temi di interesse.

Valorizzazione del Silenzio: In un mondo rumoroso, il silenzio è un dono. Gli introvertiti possono cercare di creare spazi di quiete nella loro routine quotidiana, che possono essere utilizzati per riflettere, meditare o semplicemente staccare. Questi momenti di quiete possono aiutare a ricaricare le batterie e offrire una pausa dai constanti stimoli del mondo esterno.

Creazione di una Rete di Supporto: Avere un gruppo di amici o familiari che comprendono e apprezzano la natura introvertita può fare una grande differenza. Queste persone possono offrire sostegno, comprensione e persino consigli su come gestire determinate situazioni.

Sviluppare una Marca Personale Online: L'avvento della tecnologia ha dato agli introvertiti una piattaforma per esprimersi senza dover necessariamente interagire faccia a faccia. Che si tratti di blogging, vlogging o semplicemente di avere una presenza sui social media, gli introvertiti possono costruire un marchio che riflette chi sono, permettendo loro di interagire con il mondo esterno nei loro termini.

Approfondire le Conoscenze: Gli introvertiti spesso hanno una sete insaziabile di conoscenza. Iscriversi a corsi online, leggere libri o partecipare a seminari può non solo arricchire la loro mente, ma anche offrire nuove prospettive e idee su come navigare nel mondo.

Stabilire una Routine: Poiché gli introvertiti traggono energia dalla prevedibilità e dalla routine, stabilire un ritmo quotidiano può aiutarli a sentirsi ancorati e centrati, specialmente in situazioni potenzialmente stressanti.

La comprensione e l'accettazione del proprio temperamento è fondamentale per gli introvertiti. Attraverso l'adattamento e l'applicazione di queste tecniche, possono non solo trovare il loro posto in un mondo estroverso, ma anche fiorire e prosperare in esso.

Mentre gli introvertiti affrontano sfide in un mondo estroverso, possiedono una serie di qualità intrinseche che, con la giusta comprensione e strategie, possono effettivamente diventare vantaggi. Esploriamo ulteriori aspetti su come gli introvertiti possono navigare e prosperare in diverse situazioni.

Energia Selettiva: Gli introvertiti tendono ad avere un livello di energia interiore che si esaurisce più rapidamente in ambienti sociali rumorosi e stimolanti. Tuttavia, possono imparare a gestire questa energia distribuendola in modo selettivo. Ad esempio, potrebbero dedicare tempo in solitudine prima di un evento sociale per assicurarsi di avere energia sufficiente.

Gestione delle Interruzioni: In ambienti di lavoro o in situazioni sociali, le continue interruzioni possono essere particolarmente gravose per un introvertito. Imparare a gestire tali interruzioni, come ad esempio indossare cuffie per segnalare il desiderio di non essere disturbati o definire chiari limiti con i colleghi, può essere una strategia efficace.

Articolare i Propri Pensieri: Gli introvertiti spesso riflettono profondamente prima di parlare. Questo può diventare un vantaggio se si tratta di comunicare in modo efficace e preciso. Praticare la comunicazione, magari scrivendo prima di discutere un argomento complesso, può aiutare a chiarire e articolare meglio i propri pensieri.

Valorizzare i Propri Punti di Forza: Gli introvertiti spesso eccellono nell'ascolto attivo, nella profondità di riflessione e nell'analisi critica. Riconoscere e valorizzare questi punti di forza può aiutare a posizionarsi in ruoli o situazioni in cui queste abilità sono particolarmente apprezzate.

Utilizzo della Tecnologia: Gli introvertiti possono trovare modi per utilizzare la tecnologia a proprio vantaggio. Piattaforme come email, chat o messaggistica possono offrire una via di comunicazione meno diretta e potenzialmente meno stressante rispetto alle interazioni faccia a faccia.

Tempo per Rilassarsi: Dopo lunghi periodi di interazione sociale, gli introvertiti potrebbero sentire il bisogno di "ricaricare". Pianificare momenti di solitudine o attività rilassanti può essere essenziale per il loro benessere mentale ed emotivo.

Flessibilità nel Lavoro: In ambito professionale, potrebbero cercare ruoli o posizioni che offrano una certa flessibilità, come la possibilità di lavorare da casa o avere un ufficio privato.

Creazione di Legami Profondi: Anziché cercare di costruire molte relazioni superficiali, gli introvertiti possono concentrarsi sulla creazione di legami più profondi e significativi con un numero più ristretto di persone.

Autoaccettazione: Uno degli aspetti più fondamentali per prosperare come introvertito è l'autoaccettazione. Comprendere che l'introversione non è una debolezza, ma piuttosto una differenza nella modalità di elaborazione e interazione con il mondo, può portare a una maggiore fiducia in se stessi.

Imparare da Estroversi: Mentre gli introvertiti hanno le loro forze uniche, possono anche trarre insegnamenti osservando come gli estroversi gestiscono determinate situazioni, e possibilmente adattare alcune di queste strategie in modo che si adattino al loro stile e comfort.

Ogni introvertito è unico e, sebbene ci siano alcune caratteristiche comuni, le esperienze individuali possono variare ampiamente. Pertanto, è essenziale esplorare e sperimentare diverse strategie per scoprire ciò che funziona meglio per ogni individuo.

Formazione e Workshops: Gli introvertiti possono trarre vantaggio da corsi e seminari specificamente progettati per loro. Questi programmi offrono spesso strategie su come gli introvertiti possono mettere in luce le loro qualità in ambienti dominati dagli estroversi, e come possono migliorare le proprie capacità di networking e presentazione senza sentirsi fuori posto.

Networking a Piccoli Gruppi: Mentre gli eventi di networking di grandi dimensioni possono essere opprimenti per gli introvertiti, la creazione o la partecipazione a piccoli gruppi o incontri uno-a-uno può essere molto più gestibile e produttiva. In questi ambienti, gli introvertiti hanno l'opportunità di costruire connessioni più profonde e significative.

Preparazione Mentale: Prima di partecipare a eventi sociali o professionali, gli introvertiti possono beneficiare di una preparazione mentale. Questo potrebbe includere visualizzazioni positive, pratiche di mindfulness o semplicemente prendersi un momento per riflettere sulle proprie intenzioni e obiettivi per l'evento.

Ambienti Calmi: Gli introvertiti spesso prosperano in ambienti calmi e silenziosi. Pertanto, possono cercare tali spazi per lavorare, riflettere o semplicemente rilassarsi. Biblioteche, parchi tranquilli o caffetterie silenziose possono diventare rifugi ideali.

Stabilire Limiti Chiari: Per gli introvertiti, stabilire limiti è essenziale. Questo può includere la quantità di tempo trascorso in interazioni sociali, la disponibilità a partecipare a eventi o la gestione delle aspettative sul posto di lavoro.

Utilizzo di Mediatori o Supporti: In alcune situazioni, potrebbe essere utile per gli introvertiti utilizzare mediatori o supporti. Ad esempio, se si sentono a disagio a parlare di fronte a un grande gruppo, potrebbero considerare di utilizzare una presentazione visiva o un video per aiutarli a comunicare il loro messaggio.

Tecniche di Assertività: Mentre gli introvertiti potrebbero naturalmente evitare conflitti, imparare tecniche di assertività può aiutarli a comunicare i propri bisogni e desideri in modo efficace e rispettoso.

Introspezione e Riflessione: Uno dei punti di forza degli introvertiti è la loro capacità di introspezione. Prendersi regolarmente del tempo per riflettere può aiutarli a comprendere meglio se stessi, i propri bisogni e come possono adattarsi in vari ambienti.

Tecniche di Rilassamento: Dato che gli introvertiti possono sentirsi sopraffatti da stimoli esterni, tecniche come la meditazione, lo yoga o la respirazione profonda possono aiutarli a rilassarsi e centrarsi.

Collaborazione: Anche se gli introvertiti possono preferire lavorare da soli, collaborare con persone affini può essere arricchente. Trovare partner o team che comprendono e apprezzano il valore dell'introversione può portare a risultati sorprendentemente produttivi.

Scegliere le Battaglie: Non ogni situazione richiede l'adattamento o la trasformazione. Gli introvertiti possono imparare a scegliere le situazioni in cui è più importante per loro "estroversi" e quelle in cui possono rimanere fedeli alla loro natura introspettiva.

Cercare Mentori e Role Models: Avere qualcuno che può guidare, consigliare e condividere esperienze personali può essere inestimabile per gli introvertiti. Cercare mentori o modelli di ruolo che sono introvertiti di successo può offrire ispirazione e consapevolezza su come navigare in un mondo estroverso.

Conclusione del punto sulle Tecniche per gli Introversi:

In un mondo spesso dominato dalla rapidità della comunicazione e dalle interazioni sociali estese, gli introvertiti possono sentirsi come pesci fuori d'acqua. Tuttavia, ciò non significa che non possano prosperare e avere successo; richiede solo l'adozione di approcci e tecniche specifiche che valorizzino le loro caratteristiche innate.

Innanzitutto, è essenziale riconoscere che l'introversione non è una debolezza. È una differenza fondamentale nella modalità con cui una persona elabora le informazioni e interagisce con il mondo esterno. Mentre gli estroversi traggono energia dalle interazioni sociali, gli introvertiti spesso la ricaricano attraverso momenti di solitudine o in ambienti più tranquilli e controllati.

La chiave per gli introvertiti è capire e accettare la propria natura, piuttosto che cercare di adattarsi costantemente a norme estroverse. Le tecniche elencate sopra offrono agli introvertiti una varietà di strumenti per navigare con successo sia in ambienti personali che professionali, permettendo loro di creare una sinergia tra il proprio stile di interazione e le aspettative del mondo esterno.

Le sfide possono sorgere, come in ogni situazione in cui ci si trova a navigare tra diverse modalità di essere e agire. Tuttavia, con una consapevole preparazione, una chiara comprensione dei propri limiti e forze, e l'utilizzo di tecniche adatte, gli introvertiti possono non solo sopravvivere, ma veramente prosperare in un mondo che sembra, a prima vista, fatto su misura per gli estroversi.

Infine, vale la pena notare che il mondo ha bisogno sia di introvertiti che di estroversi. Ogni gruppo porta qualità uniche e preziose alla tavola. Gli introvertiti, con la loro capacità di introspezione, ascolto attivo e profonda riflessione, possono offrire soluzioni e approcci che gli estroversi potrebbero non considerare. Reconoscendo questo valore e adottando strategie che sfruttano al meglio le loro abilità, gli introvertiti possono brillare con la loro luce unica in qualsiasi ambiente si trovino.

10. Equilibrio tra Introversi ed Estroversi: Come i due possono lavorare insieme in armonia.

Equilibrio tra Introversi ed Estroversi: Come i due possono lavorare insieme in armonia.

Il binomio introversione-estroversione è una delle dicotomie più classiche nella psicologia della personalità. Ogni gruppo ha i propri punti di forza e debolezze, ma quando introversi ed estroversi imparano a collaborare in maniera efficace, possono creare risultati eccezionali.

Punti di forza degli Introversi:

- **Riflessione profonda**: Gli introversi tendono ad elaborare le informazioni internamente e possono spesso offrire soluzioni ben pensate a problemi complessi.

- **Ascolto attivo**: Sono spesso ottimi ascoltatori, rendendoli partner collaborativi che possono comprendere e implementare le idee degli altri.

- **Concentrazione**: La capacità degli introvertiti di immergersi in un compito può essere inestimabile, specialmente in lavori che richiedono un'attenzione dettagliata.

Punti di forza degli Estroversi:

- **Comunicazione**: La loro tendenza a esprimersi e a coinvolgere gli altri li rende eccellenti oratori e comunicatori.

- **Network**: Gli estroversi sono spesso dotati nel creare e mantenere reti professionali e sociali.

- **Energia**: Traggono energia dalle interazioni, il che può essere utile in ambienti di lavoro ad alto ritmo o in situazioni di gruppo.

Strategie per una Collaborazione Efficace:

1. **Riconoscimento delle differenze**: Capire che introversi ed estroversi hanno modi diversi di elaborare le informazioni e reagire alle situazioni è il primo passo per costruire un rapporto di lavoro armonioso.

2. **Spazi di lavoro flessibili**: Fornire aree silenziose per la concentrazione e spazi aperti per la collaborazione può aiutare entrambi i gruppi a prosperare.

3. **Equilibrio nelle riunioni**: Assicurarsi che le riunioni abbiano momenti di brainstorming aperto (dove gli estroversi possono brillare) e momenti di riflessione silenziosa o discussione strutturata (dove gli introvertiti possono condividere i loro pensieri).

4. **Valutazione delle idee basata sulla qualità, non sulla quantità**: Garantire che ogni voce venga ascoltata, indipendentemente dal volume con cui viene espressa.

5. **Formazione di squadre equilibrate**: Mentre gli estroversi possono guidare e motivare, gli introvertiti possono concentrarsi sui dettagli e sulla pianificazione. Un mix di entrambi può portare a squadre altamente efficaci.

6. **Comunicazione chiara delle aspettative**: Assicurarsi che sia introversi che estroversi sappiano cosa ci si aspetta da loro e come possono contribuire al meglio.

Conclusione:

La chiave per un'efficace collaborazione tra introversi ed estroversi risiede nella comprensione e nel rispetto reciproco. Ogni tipo di personalità ha qualcosa di unico da offrire, e quando le loro abilità sono combinate in modo armonioso, possono superare le sfide con una gamma di soluzioni ben bilanciate. La diversità di pensiero e approccio, se guidata correttamente, può diventare la forza più grande di un team o di un'organizzazione.

L'interazione tra introversi ed estroversi è un fenomeno complesso e multifaccettato. Quando introversi ed estroversi si ritrovano in uno spazio condiviso, come un ambiente di lavoro o una situazione sociale, la dinamica può variare notevolmente a seconda delle persone coinvolte e del contesto. Esaminando più da vicino questa dinamica, emergono numerosi aspetti interessanti:

Empatia e Comprensione: Una delle chiavi per una collaborazione armoniosa tra introversi ed estroversi è la capacità di ogni gruppo di mettersi nei panni dell'altro. Gli estroversi, ad esempio, potrebbero cercare di comprendere il bisogno degli introversi di ritirarsi occasionalmente per ricaricarsi, mentre gli introversi potrebbero apprezzare il bisogno degli estroversi di socializzare e interagire con gli altri per sentirsi energizzati.

Adattabilità: In molti contesti, sia gli introversi che gli estroversi potrebbero dover fare delle concessioni per lavorare insieme in modo efficace. Questo potrebbe significare che un estroverso potrebbe dover ridurre un po' la sua tendenza a dominare le conversazioni, mentre un introvertito potrebbe sforzarsi di parlare e condividere le sue idee in modo più proattivo.

Strumenti di Comunicazione: Con l'avvento della tecnologia, ci sono sempre più modi per comunicare che possono andare incontro sia agli introversi che agli estroversi. Mentre gli estroversi potrebbero preferire riunioni di persona o videochiamate, gli introversi potrebbero apprezzare piattaforme di messaggistica o e-mail, che permettono loro di riflettere prima di rispondere.

Gestione dei Conflitti: Quando sorgono conflitti tra introversi ed estroversi, è essenziale affrontarli in modo costruttivo. Questo potrebbe significare dare ad entrambe le parti l'opportunità di esprimere le proprie preoccupazioni e cercare soluzioni che tengano conto delle esigenze di entrambi.

Formazione: La formazione può giocare un ruolo fondamentale nell'aiutare introversi ed estroversi a collaborare in modo efficace. Workshop o sessioni di coaching che educano ciascun gruppo sulle esigenze e i punti di forza dell'altro possono fare una grande differenza.

Cultura Organizzativa: In un contesto aziendale, la cultura dell'organizzazione può avere un impatto significativo sulla collaborazione tra introversi ed estroversi. Le aziende che valorizzano la diversità e l'inclusione sono spesso meglio attrezzate per gestire la dinamica tra questi due gruppi.

Ruolo della Leadership: I leader che comprendono le differenze tra introversi ed estroversi possono creare un ambiente in cui entrambi i gruppi si sentono valorizzati e ascoltati. Questo potrebbe significare assegnare ruoli o responsabilità basati sui punti di forza di ciascun individuo, piuttosto che cercare di adattare tutti allo stesso modello.

In conclusione, mentre ci sono sfide nella collaborazione tra introversi ed estroversi, ci sono anche enormi opportunità. Con comprensione, empatia e una comunicazione efficace, questi due gruppi possono non solo coesistere ma prosperare insieme, portando una gamma di prospettive e talenti che possono arricchire qualsiasi situazione o progetto.

-

Diversità di Approccio: Introversi ed estroversi tendono ad affrontare problemi e situazioni da angolazioni diverse. Mentre un estroverso potrebbe preferire brainstorming di gruppo e sessioni collaborative, un introvertito potrebbe propendere per l'analisi indipendente e la riflessione interna. Questa differenza nell'approccio può essere sfruttata come una forza, offrendo una visione più ampia e diversificata durante la presa di decisioni.

Sensibilità Sensoriale: Gli introversi tendono ad essere più sensibili agli stimoli esterni rispetto agli estroversi. Ciò significa che potrebbero trovare ambienti rumorosi o affollati più stimolanti o addirittura opprimenti. Al contrario, gli estroversi potrebbero cercare attivamente tali stimoli per sentirsi energizzati. La consapevolezza di questa differenza può guidare la creazione di ambienti che soddisfino le esigenze di entrambi.

Tempismo nella Comunicazione: Gli introversi spesso riflettono prima di parlare, pesando le loro parole e le idee prima di esprimerle. Gli estroversi, d'altra parte, tendono a pensare mentre parlano, utilizzando la discussione come un mezzo per elaborare le loro idee. Questo può portare a malintesi, con gli estroversi che percepiscono gli introversi come esitanti o distanti, mentre gli introversi possono vedere gli estroversi come precipitosi o superficiali. Riconoscere queste differenze può aiutare entrambe le parti a valorizzare il metodo di comunicazione dell'altro.

Esigenze di Socializzazione: Mentre gli estroversi possono cercare attivamente occasioni sociali per ricaricarsi, gli introversi potrebbero aver bisogno di periodi di tranquillità e solitudine. Questa differenza può manifestarsi in vari contesti, come ad esempio nelle preferenze per le pause pranzo, nelle modalità di lavoro (telelavoro vs. ufficio) o nelle attività dopo il lavoro.

Modalità di Apprendimento: Gli estroversi spesso traggono beneficio da ambienti di apprendimento collaborativo, come discussioni di gruppo o progetti di squadra. Gli introversi, d'altra parte, potrebbero preferire formati di apprendimento autonomi o uno-a-uno. Nel campo dell'istruzione e della formazione, è essenziale riconoscere queste preferenze per offrire opportunità equamente efficaci a tutti gli studenti o partecipanti.

Gestione dello Stress: In situazioni di stress o conflitto, gli introversi e gli estroversi possono reagire in modi diversi. Mentre gli estroversi potrebbero cercare il supporto esterno, discutendo le loro preoccupazioni con gli altri, gli introversi potrebbero ritirarsi per riflettere sul problema da soli. Questa differenza può avere un impatto significativo su come i team affrontano le sfide o come le coppie gestiscono i disaccordi.

Incorporare la comprensione di queste dinamiche in ambienti lavorativi, educativi o sociali può contribuire a creare ambienti più inclusivi e produttivi. Le differenze tra introversi ed estroversi, se gestite correttamente, possono portare a soluzioni più innovative, a comunicazioni più efficaci e a relazioni più armoniose. La chiave sta nell'approccio equilibrato e nella volontà di apprezzare le forze uniche che ciascun gruppo porta alla tavola.

Stili Decisionali: Gli estroversi, spesso guidati dalla loro natura reattiva, possono prendere decisioni più rapidamente e basandosi su feedback esterni. Sono inclini a cercare opinioni e reazioni al momento e ad agire di conseguenza. Gli introversi, d'altra parte, tendono a prendersi il tempo per riflettere internamente, valutando tutte le variabili e le conseguenze possibili prima di prendere una decisione. Questa tendenza può essere vista come prudenza o indecisione, a seconda della situazione. Ma quando gli estroversi e gli introversi lavorano insieme e rispettano le proprie modalità decisionali, possono combinare reattività e riflessione profonda, portando a decisioni ben ponderate.

Energia ed Interazione: Mentre gli estroversi spesso ricavano energia interagendo con gli altri, trovando ispirazione e motivazione nelle conversazioni, gli introversi potrebbero trovare che troppe interazioni drenino la loro energia, preferendo invece attirare ispirazione da riflessioni interne o dall'osservazione. Questa differenza nella fonte di energia può essere cruciale nella gestione del tempo, nelle pause lavorative e nella programmazione delle riunioni.

Feedback e Crescita Personale: La modalità in cui introversi ed estroversi ricevono e interpretano il feedback può variare notevolmente. Gli estroversi potrebbero cercare feedback immediato e diretto e utilizzarlo come mezzo per adeguarsi rapidamente. Gli introversi, invece, potrebbero necessitare di tempo per elaborare le critiche o i complimenti, riflettendo su come questi si inseriscono nel quadro generale della loro autopercezione e obiettivi. Questa comprensione è vitale per insegnanti, manager e chiunque sia in una posizione di dare feedback.

Ambienti Sociale e Lavorativo: Gli estroversi possono prosperare in ambienti aperti, dove possono facilmente interagire e scambiare idee. Potrebbero preferire posti di lavoro open space o spazi comuni. D'altro canto, gli introversi potrebbero trovare questi spazi distruttivi e preferire uffici chiusi o postazioni tranquille, dove possono concentrarsi senza interruzioni. Questa distinzione è fondamentale quando si progettano spazi di lavoro o si organizzano eventi sociali.

Leadership e Gestione: Contrariamente alla credenza popolare, gli introversi possono essere leader efficaci. Tendono ad essere ascoltatori attenti, offrendo feedback ponderato e valorizzando le opinioni degli altri. Gli estroversi, con la loro energia e carisma, possono motivare e ispirare gli altri, guidando con entusiasmo. Entrambi gli stili hanno i loro meriti e possono essere efficaci a seconda del contesto e delle persone coinvolte.

Amicizie e Relazioni: Nelle relazioni personali, gli estroversi potrebbero cercare frequentemente nuove esperienze e interazioni sociali, mentre gli introversi potrebbero valorizzare profonde connessioni uno-a-uno e momenti di qualità. Entrambi possono imparare l'uno dall'altro: gli introversi possono apprezzare l'energia e l'entusiasmo degli estroversi, mentre questi ultimi possono apprezzare la profondità e la sincerità degli introversi.

Riconoscere e valorizzare le differenze tra introversi ed estroversi può portare a una maggiore comprensione e armonia in vari contesti, dalla vita lavorativa alla vita personale. Incorporando e integrando le forze di entrambi, possiamo creare ambienti più equilibrati, produttivi e inclusivi.

L'interplay tra introversi ed estroversi è una dinamica affascinante che permea molte sfere della nostra esistenza. Mentre abbiamo esplorato vari aspetti di questa dinamica, ci sono molte altre sfaccettature da considerare.

Stili di Comunicazione: La comunicazione è fondamentale nelle relazioni interpersonali e professionali. Gli estroversi, in generale, potrebbero esprimersi liberamente e con entusiasmo, preferendo discussioni vivaci e interazioni dirette. Potrebbero trovare soddisfazione nel discutere idee apertamente e ricevere feedback immediato. D'altro canto, gli introversi tendono a riflettere prima di parlare, scegliendo con cura le parole e spesso preferendo una comunicazione più ponderata. In situazioni di gruppo, possono preferire ascoltare e osservare prima di dare il loro contributo. Queste differenze possono portare a fraintendimenti se non vengono riconosciute e rispettate.

Approcci alla Risoluzione dei Conflitti: In situazioni di conflitto, gli estroversi potrebbero sentirsi a proprio agio affrontando direttamente la questione, cercando di risolverla attraverso la discussione e l'interazione. Gli introversi, tuttavia, potrebbero prediligere un approccio più riflessivo, prendendo un po' di tempo per pensare e analizzare la situazione prima di reagire. Potrebbero anche preferire comunicare le loro preoccupazioni in un formato scritto piuttosto che a voce.

Networking e Opportunità: Nel mondo degli affari e nelle carriere professionali, la rete di contatti è cruciale. Gli estroversi potrebbero trovare più semplice interagire in eventi di networking, godendo dell'opportunità di incontrare nuove persone e stabilire contatti. Gli introversi, sebbene possano trovare questi eventi estenuanti, possono ancora eccellere nel networking in modo diverso, stabilendo connessioni più profonde e significative su base individuale.

Gestione dello Stress: Gli estroversi e gli introversi possono anche differire nel modo in cui gestiscono lo stress. Gli estroversi potrebbero cercare attività sociali o gruppi di supporto per gestire lo stress, mentre gli introversi potrebbero cercare momenti di solitudine e riflessione come mezzo per ricaricare e processare le loro emozioni.

Hobby e Attività Ricreative: Nel tempo libero, gli estroversi potrebbero gravitare verso attività di gruppo come sport di squadra, eventi sociali o viaggi di gruppo. Gli introversi, al contrario, potrebbero prediligere hobby solitari come la lettura, la scrittura, l'arte o attività all'aria aperta come l'escursionismo.

Perspettive sulla Crescita Personale: Mentre gli estroversi potrebbero cercare opportunità che li mettano in contatto con nuove persone e nuove esperienze, gli introversi potrebbero cercare opportunità che offrano una maggiore introspezione e comprensione di sé.

Queste sfaccettature aggiuntive offrono un quadro ancora più dettagliato della complessa dinamica tra introversi ed estroversi. Comprendendo e valorizzando queste differenze, possiamo navigare nel mondo con una maggiore empatia e comprensione, abbracciando le forze uniche che ciascun tipo porta alla tavola.

La relazione tra introversi ed estroversi, con le sue varie sfaccettature, è una dinamica che ha profonde implicazioni non solo sul piano individuale, ma anche su quello sociale e culturale. In conclusione:

Comprensione e Valorizzazione delle Differenze: Il primo passo verso una convivenza armonica tra introversi ed estroversi è riconoscere e accettare le loro differenze come parti valide e complementari dell'esperienza umana. Ogni tipo ha qualità e forze uniche che possono arricchire la nostra comprensione delle persone e del mondo. Gli estroversi, con la loro naturale predisposizione alla socializzazione, possono spesso agire come catalizzatori nelle interazioni sociali, facilitando le connessioni e alimentando l'energia di un gruppo. D'altro canto, gli introversi, con la loro profondità di pensiero e capacità di introspezione, possono offrire approfondimenti e riflessioni che arricchiscono le discussioni e portano a decisioni più ponderate.

Collaborazione e Sinergia: Quando introversi ed estroversi lavorano insieme, tenendo conto delle reciproche forze e debolezze, possono creare un equilibrio che ottimizza le performance di un gruppo o di un'organizzazione. Mentre gli estroversi possono prendere l'iniziativa nelle discussioni e promuovere l'entusiasmo, gli introversi possono fornire analisi dettagliate e una visione ponderata, assicurando che le decisioni siano ben informate.

Sfide e Adattabilità: La chiave per navigare le sfide che emergono dalle differenze tra introversi ed estroversi risiede nell'adattabilità. Significa comprenderne le divergenze senza giudizio, ma anche essere disposti a modificare leggermente il proprio comportamento quando la situazione lo richiede. Ad esempio, un estroverso potrebbe fare uno sforzo per ascoltare di più in un contesto in cui gli introversi sono in maggioranza, mentre un introverso potrebbe cercare di esprimere apertamente le proprie opinioni in una riunione di lavoro dominata da estroversi.

Cultura e Società: La società dovrebbe fare sforzi per assicurare che sia introversi che estroversi si sentano valorizzati e compresi. Ciò significa promuovere una cultura in cui la diversità di pensiero e di comportamento non solo è tollerata, ma è attivamente celebrata come un punto di forza.

In sintesi, l'equilibrio tra introversi ed estroversi non riguarda la supremazia di un tipo sull'altro, ma piuttosto la creazione di un ambiente in cui entrambi possano prosperare e contribuire al meglio delle loro capacità. Riconoscere, rispettare e valorizzare le differenze tra questi due tipi può portare a un mondo più inclusivo, empatico e produttivo.

11. Ruolo della Cultura: Come diverse culture vedono e valorizzano l'introverso.

Ruolo della Cultura: Come diverse culture vedono e valorizzano l'introverso.

La percezione dell'introverso varia notevolmente in funzione delle diverse culture e tradizioni. Queste variazioni culturali offrono una prospettiva affascinante sulla diversità delle norme sociali e sulle modalità con cui le società interpretano e valorizzano i tratti della personalità.

1. **Culture Occidentali**:

   - In molti paesi occidentali, specialmente negli Stati Uniti, la valorizzazione dell'individuo spesso si concentra sull'abilità di esprimersi, prendere l'iniziativa e dominare socialmente. L'ideale dell'estroverso, del leader carismatico e comunicativo, tende ad essere più apprezzato.

   - L'introversione, in queste culture, può talvolta essere fraintesa come timidezza o come mancanza di abilità sociali, anche se questi concetti sono distinti.

2. **Culture Orientali**:

   - Molti paesi asiatici, come la Cina o il Giappone, hanno una visione più equilibrata o inclinata verso l'introversione. In queste culture, la riflessione, l'ascolto attivo e la riservatezza sono spesso viste come virtù.

   - Il proverbio cinese "Il vuoto del vaso lo rende utile" simboleggia l'apprezzamento per la riflessione e la moderazione. Allo stesso modo, in Giappone esiste il concetto di "Ma", che enfatizza l'importanza degli spazi vuoti o dei momenti di silenzio.

3. **Culture Mediterranee**:

   - Paesi come l'Italia, la Spagna o la Grecia tendono a valorizzare la socializzazione e la vita in comunità. L'interazione vivace è spesso vista come una parte essenziale della vita quotidiana.

   - Tuttavia, anche in queste culture, l'introspezione e la riflessione hanno il loro posto, specialmente in contesti religiosi o filosofici.

4. **Culture Scandinave**:

- La riservatezza e il rispetto per la privacy individuale sono tratti apprezzati nelle culture scandinave. Sebbene la socializzazione e la comunità siano importanti, vi è anche un profondo rispetto per l'indipendenza e la riflessione personale.

5. **Culture Africane**:

- Mentre la comunità e l'appartenenza a un gruppo sono aspetti fondamentali in molte culture africane, esiste anche una ricca tradizione di saggezza, riflessione e introspezione, spesso incarnata da figure anziane o leader spirituali.

6. **Cultura Indigena**:

- Molti popoli indigeni in tutto il mondo hanno un profondo rispetto per il silenzio, la connessione con la natura e la meditazione. Gli anziani, spesso considerati custodi della saggezza, possono rappresentare il valore dell'ascolto e della riflessione.

In conclusione, mentre l'estroversione può essere spesso apprezzata per le sue qualità manifeste, l'introversione ha un valore profondo e duraturo in molte culture del mondo. Le diverse tradizioni e filosofie mettono in luce l'importanza dell'equilibrio tra l'agire e il riflettere, tra parlare e ascoltare. La comprensione di queste differenze culturali può aiutare a creare un mondo più inclusivo, in cui ogni tratto della personalità è valorizzato per il suo unico contributo.

L'interazione tra cultura e personalità, in particolare tra la valorizzazione dell'introverso, è un argomento complesso e multidimensionale. Quando ci addentriamo ulteriormente nelle sfumature di come le diverse culture percepiscono e valorizzano gli introversi, emergono dettagli interessanti.

Nell'ambito **delle relazioni interpersonali**, ad esempio, l'approccio che una persona introversa potrebbe avere verso la formazione di legami può variare notevolmente a seconda del contesto culturale. In alcune culture, formare legami profondi e duraturi con un piccolo gruppo di persone potrebbe essere più valorizzato rispetto ad avere un'ampia rete di contatti superficiali. Questa profondità nelle relazioni è spesso associata all'introspezione e alla riflessione, caratteristiche degli introversi.

L'arte e la creatività sono un altro settore in cui le inclinazioni introverse possono essere particolarmente valorizzate. Molti artisti, scrittori e musicisti traggono ispirazione dalla loro capacità di riflettere profondamente e di sintonizzarsi con il loro mondo interiore. In alcune culture, come quella giapponese con la sua tradizione di haiku o la cultura francese con la sua storia di letteratura profonda, l'introversione e la profondità di pensiero sono particolarmente apprezzate.

La **spiritualità** offre un altro spazio in cui l'introversione è spesso considerata una virtù. Molti percorsi spirituali enfatizzano l'importanza della meditazione, della contemplazione e dell'introspezione. Nel buddismo, ad esempio, la meditazione è centrale, e la capacità di ritirarsi silenziosamente all'interno di sé è vista come essenziale per raggiungere una comprensione più profonda della realtà. Anche nel cristianesimo, figure come i monaci e le suore contemplative mostrano come la riflessione silenziosa possa portare a una profonda connessione con il divino.

Tuttavia, è importante notare che la percezione dell'introversione può anche variare all'interno di una stessa cultura a seconda del contesto. Ad esempio, mentre una società può valorizzare gli introversi nel contesto spirituale, potrebbe favorire tratti più estroversi nel mondo degli affari o in altri ambiti sociali.

Inoltre, **le influenze della globalizzazione** stanno cambiando le percezioni tradizionali di introverso ed estroverso. Con l'avvento dei social media e delle piattaforme digitali, le persone di tutto il mondo stanno interagendo in modi nuovi e diversi. Ciò ha portato a un mix di valori e percezioni, con alcune culture che adottano atteggiamenti più occidentali verso l'estroversione, mentre altre cercano di mantenere o riscoprire le loro tradizioni e valori.

Infine, c'è anche da considerare il ruolo delle **lingue** e di come esse influenzino la nostra percezione dell'introversione. Alcune lingue potrebbero non avere nemmeno una parola per "introverso" o "estroverso", ma potrebbero esprimere questi concetti attraverso altri termini o frasi. La lingua, come lente attraverso cui vediamo il mondo, può influenzare profondamente come percepiamo e valorizziamo i diversi tratti della personalità.

Tutto ciò dimostra quanto sia complesso e sfaccettato il rapporto tra cultura e introversione, e come ogni cultura abbia la sua unica interpretazione e apprezzamento di questi tratti.

Mentre ci si immerge ulteriormente nell'interazione tra cultura e introverso, è impossibile non notare come **l'ambiente fisico e geografico** di una particolare regione possa influenzare le dinamiche introverse. Ad esempio, nelle società rurali e remote, dove le comunità sono piccole e sparse, le interazioni sociali possono essere meno frequenti, ma più profonde e significative. In tali contesti, la riflessione e la capacità di trascorrere del tempo da soli potrebbero essere particolarmente apprezzate, dato che tali momenti di solitudine potrebbero essere più comuni rispetto alle metropoli affollate.

Le **festività e le tradizioni** di una cultura sono un altro aspetto che può rivelare molto su come viene percepita l'introversione. Prendiamo, ad esempio, le società che hanno festività o ritiri dedicati al silenzio, alla riflessione o al ritiro dalla vita quotidiana. Questi possono spesso servire come momenti in cui l'introspezione non solo è accettata, ma è attivamente incoraggiata e celebrata.

La **struttura familiare** di una società può anche giocare un ruolo significativo. Nelle culture dove le famiglie estese vivono insieme e dove c'è un forte senso di dovere verso la famiglia, potrebbero emergere dinamiche uniche. Gli individui potrebbero trovare modi di ritagliarsi momenti di solitudine anche in ambienti familiari affollati, e le loro abitudini introverse potrebbero essere viste in modo diverso rispetto a una cultura in cui vivere da soli o in famiglie nucleari è la norma.

Un altro punto da considerare è **la struttura educativa** delle diverse culture. Mentre alcune potrebbero enfatizzare la partecipazione di gruppo, la presentazione e l'interazione come fondamentali per l'apprendimento, altre potrebbero valorizzare di più l'apprendimento autonomo e la riflessione. In alcune culture, la figura dello "studente silenzioso ma diligente" è vista in modo positivo, mentre in altre potrebbe essere incoraggiato uno stile di apprendimento più estroverso.

Oltre ai modelli di apprendimento, anche **le modalità di comunicazione** differiscono da una cultura all'altra. In alcune società, parlare direttamente e con franchezza è la norma, mentre in altre potrebbe essere più apprezzato un approccio più riservato e riflessivo. Gli introversi in queste ultime culture potrebbero trovare più facile esprimersi e sentirsi compresi.

Tuttavia, come in qualsiasi discussione sulla cultura, è essenziale evitare di generalizzare o di vedere le culture come monolitiche. Ci sono sempre eccezioni, variazioni regionali, e l'influenza delle generazioni più giovani e delle tecnologie moderne sta costantemente modellando e riformando le percezioni culturali, inclusa la percezione dell'introversione.

Con la globalizzazione, le culture stanno interagendo come mai prima d'ora, portando a una mescolanza e a uno scambio di valori e percezioni. In questo contesto in continua evoluzione, la comprensione delle sfumature di come l'introversione viene vista attraverso diverse lenti culturali diventa ancora più intrigante.

Dove ci si ferma con la geografia e la tradizione, si può facilmente affondare nelle sottili acque della **religione e della spiritualità** e di come influenzino le percezioni sull'introversione. Molti sistemi di credenze spirituali e religiose enfatizzano l'importanza della meditazione, della riflessione e della connessione interiore. Pensiamo, ad esempio, al buddismo Zen, dove la meditazione silenziosa e la contemplazione sono centrali. In questi contesti, l'introverso potrebbe trovare una profonda risonanza con le pratiche spirituali, essendo già incline alla riflessione e alla introspezione.

Allo stesso modo, molte tradizioni mistiche all'interno di religioni più ampie, come il sufismo nell'Islam o la cabala nell'ebraismo, richiedono una profonda introspezione e una connessione personale con il divino. Questa connessione spesso richiede lunghi periodi di silenzio, riflessione e talvolta isolamento, qualità che gli introversi potrebbero trovare naturalmente allettanti.

Un altro aspetto da esplorare è **l'arte e la letteratura**. La rappresentazione di personaggi introvertiti nelle opere letterarie, cinematografiche o teatrali varia enormemente da una cultura all'altra. In alcune culture, il "pensatore silenzioso" o l'"osservatore" è un archetipo letterario celebrato, che simboleggia saggezza, profondità e perspicacia. In altre, questi personaggi possono essere visti come misteriosi, enigmatici o addirittura problematici.

Anche **la tecnologia moderna** ha avuto un impatto sul modo in cui diverse culture percepiscono l'introversione. Con l'avvento dei social media e della comunicazione digitale, gli introversi in molte culture hanno trovato nuovi modi di esprimersi senza la necessità di interazioni faccia a faccia. Questo può avere un impatto significativo su come una società vede l'introversione: in un mondo sempre più digitalizzato, gli introversi possono prosperare e mostrare le loro capacità in modi che non erano possibili nelle generazioni precedenti.

Da un lato, la tecnologia può permettere agli introversi di interagire con il mondo esterno senza uscire dalla loro zona di comfort. D'altro canto, in alcune culture, la crescente dipendenza dalla tecnologia può essere vista con preoccupazione o scetticismo, e quelli che preferiscono comunicare digitalmente potrebbero essere visti come eccessivamente introvertiti o asociali.

Inoltre, va notato che mentre alcune culture possono avere una tradizione di valorizzare l'introversione, le pressioni della modernità e della globalizzazione possono portare a un mutamento di tali valori. Le nazioni e le culture che una volta valorizzavano la riservatezza e la riflessione potrebbero, sotto l'influenza di modelli di business occidentali o di ideali globalizzati di successo, iniziare a spostarsi verso una valorizzazione dell'estroversione.

In conclusione, quando si tratta di cultura e introversione, è una tessitura complessa di influenze storiche, religiose, geografiche e moderne che insieme formano la tapezzeria di come l'introversione è percepita e valorizzata in diverse parti del mondo. E come con qualsiasi tapezzeria, i dettagli e le sfumature sono ciò che rende l'immagine completa veramente affascinante.

Alcune culture vedono l'introversione in **termini di equilibrio**. Ad esempio, il concetto cinese dello Yin e Yang, che rappresenta le forze opposte e complementari, può essere correlato alle personalità introverse ed estroverse. Mentre l'estroversione potrebbe essere associata a qualità yang - energetiche, luminose e attive - l'introversione potrebbe essere vista in termini yin - calma, riflessiva e interna. In un tale sistema di credenze, l'armonia tra yin e yang è essenziale, il che implica che sia l'introversione che l'estroversione sono valorizzate per il loro contributo all'equilibrio generale.

Uno sguardo all'**India** rivela una cultura che ha una storia ricca di saggezza interiore e riflessione. Gli ashram, centri spirituali dedicati alla meditazione e alla riflessione, sono da tempo un pilastro della cultura indiana. Maestri spirituali come Swami Vivekananda e

Ramana Maharshi hanno enfatizzato l'importanza dell'introspezione e dell'auto-indagine. Nonostante ciò, anche l'India, nella sua rapida modernizzazione, ha visto un aumento della valorizzazione delle qualità estroverse, specialmente nei centri urbani e nei settori professionali.

Anche **l'Europa del Nord**, con paesi come la Finlandia e la Norvegia, presenta una interessante miscela di valori che potrebbero favorire gli introversi. La cultura del "sisu" finlandese, una forma di grinta stoica e determinazione, e il concetto norvegese di "koselig", che può essere paragonato alla "hygge" danese, enfatizzano entrambi il comfort, la riflessione e l'importanza del silenzio e della tranquillità. Ciò non significa che questi paesi valorizzino solo l'introversione, ma piuttosto che hanno una profonda apprezzamento per la tranquillità e la riflessione, qualità spesso associate agli introversi.

Nel **mondo degli affari**, la cultura giapponese tradizionale tende a valorizzare l'ascolto rispetto alla parola. Si dice che in Giappone, una pausa nella conversazione sia vista come un segno di riflessione e considerazione, piuttosto che un'awkwardness. Questa riflessività e rispetto per il silenzio potrebbe essere vista come una valorizzazione dell'introversione, anche se, ancora una volta, la modernizzazione e l'influenza occidentale hanno portato a un mix di valori.

In **Africa**, le percezioni sull'introversione possono variare enormemente da una regione all'altra. In molte culture africane, l'importanza della comunità e della connessione è al centro della vita quotidiana. In questi contesti, potrebbe essere attesa una certa dose di estroversione per partecipare pienamente alla vita comunitaria. Tuttavia, anche qui, saggi anziani e figure spirituali spesso incarnano valori di riflessione profonda e saggezza, che potrebbero essere visti come qualità introverse.

In generale, ciò che emerge è che non esiste un'unica "visione culturale" dell'introversione. Invece, l'introversione e l'estroversione sono viste attraverso lenti culturali complesse, e la percezione di queste qualità può variare notevolmente anche all'interno di una singola cultura a seconda del contesto, della storia e delle influenze esterne.

La percezione e la valorizzazione dell'introversione nelle diverse culture sono influenzate da una complessa interazione di storia, tradizione, religione, evoluzione socioeconomica e influenze esterne. La comprensione del ruolo dell'introversione richiede una considerazione attenta delle sfumature e delle dinamiche interne di ciascuna cultura.

In molte società tradizionali, le qualità introverse, come la riflessione, l'ascolto e la saggezza, sono state storicamente valorizzate. Questo può essere visto nell'importanza data ai saggi anziani in Africa, ai maestri spirituali in India o ai concetti di equilibrio in Cina. Queste figure e filosofie hanno spesso incarnato i principi di introspezione profonda e meditazione. L'importanza del silenzio e dell'ascolto può essere osservata anche in culture come quella giapponese, dove le pause considerate nella conversazione sono rispettate come momenti di riflessione.

Tuttavia, con la globalizzazione e la modernizzazione, molte culture hanno subito pressioni per adattarsi a modelli più occidentali di comportamento e comunicazione. Questo ha portato, in molti contesti, a una maggiore enfasi sulle qualità estroverse, come l'eloquenza, l'iniziativa e la socievolezza. Questo spostamento può essere osservato in paesi come l'India, che, pur mantenendo una ricca tradizione di saggezza interiore, ha anche abbracciato modelli di lavoro e di business che favoriscono l'espansività.

Allo stesso tempo, è essenziale non generalizzare o stereotipare intere culture basandosi su singoli aspetti o osservazioni. Per esempio, mentre l'Europa del Nord potrebbe valorizzare concetti come il "sisu" finlandese o il "koselig" norvegese, che enfatizzano la tranquillità e la riflessione, questi paesi hanno anche società moderne e dinamiche con una gamma di personalità e valori.

In conclusione, l'introversione, come qualità, non è né universalmente accettata né respinta attraverso le culture. Invece, la sua percezione è modellata da una complessa rete di fattori culturali, storici e sociali. Ciò che è chiaro, tuttavia, è che in ogni cultura esistono nicchie, ruoli e spazi in cui le qualità introverse sono apprezzate e rispettate. L'importante è riconoscere e valorizzare l'unicità e il contributo degli introversi in ogni contesto, sottolineando che ogni personalità ha il suo valore inestimabile nel mosaico culturale globale.

12. Relazioni Amorose: Dinamiche tra partner introvertiti e/o estroversi.

Le relazioni amorose sono complesse e ricche di sfumature, specialmente quando consideriamo il continuum tra introversi ed estroversi. La dinamica tra questi due tipi di personalità può influenzare vari aspetti della relazione, dalle interazioni quotidiane alla pianificazione futura.

Compatibilità Iniziale: Spesso, le opposizioni si attraggono. Un estroverso può essere attratto dalla profondità e dalla natura riflessiva di un introvertito, mentre un introvertito potrebbe apprezzare l'energia e la spinta di un partner estroverso. Gli estroversi possono introdurre gli introversi a nuove esperienze, mentre gli introversi possono offrire un rifugio tranquillo dal caos esterno.

Comunicazione: Una delle principali sfide in una relazione tra introversi ed estroversi è la comunicazione. Mentre gli estroversi tendono ad esprimere i loro pensieri e sentimenti liberamente e direttamente, gli introversi potrebbero aver bisogno di più tempo per riflettere prima di condividere. Questo può portare a malintesi, con l'estroverso che potrebbe percepire l'introvertito come distante o non interessato, mentre l'introvertito potrebbe sentirsi sopraffatto o pressato.

Gestione del Tempo Libero: Gli estroversi spesso ricaricano trascorrendo del tempo in situazioni sociali, mentre gli introversi possono aver bisogno di tempo da soli per rilassarsi e riflettere. Queste differenze possono portare a tensioni su come trascorrere il tempo libero, con un partner che desidera uscire e socializzare e l'altro che preferisce una serata tranquilla a casa.

Risoluzione dei Conflitti: Gli estroversi potrebbero voler affrontare un problema immediatamente e discuterne apertamente, mentre gli introversi potrebbero desiderare di ritirarsi e riflettere. È fondamentale per entrambi i partner riconoscere e rispettare queste differenze, trovando compromessi e strategie per affrontare i conflitti in modo che entrambi si sentano ascoltati e compresi.

Profondità vs. Larghezza: Mentre gli estroversi possono avere una vasta rete di contatti e amicizie, spesso apprezzano interazioni sociali leggere e varie. Gli introversi, d'altra parte, potrebbero avere un numero minore di amicizie, ma più profonde e significative. Questa dinamica può influenzare come ciascun partner vede le relazioni e come interagiscono con gli amici e la famiglia.

In conclusione, le relazioni tra introversi ed estroversi, come tutte le relazioni, richiedono comprensione, comunicazione e compromesso. Mentre esistono sfide, la combinazione di queste due personalità può anche portare a una relazione ricca e complementare. Ogni partner può offrire una prospettiva diversa e arricchire la vita dell'altro in modi unici. La chiave sta nel riconoscere e valorizzare queste differenze, lavorando insieme per costruire una relazione fondata sul rispetto reciproco e sulla comprensione.

Le dinamiche tra introversi ed estroversi in una relazione amorosa possono avere profondi impatti su aspetti sia piccoli che grandi della vita di coppia. Tali differenze non sono intrinsecamente negative o positive; invece, rappresentano semplicemente modi diversi di percepire ed interagire con il mondo.

Energia e Socialità: L'estroverso tende a ricavare energia dalle interazioni sociali, godendo della compagnia degli altri e delle attività rumorose o animate. L'introvertito, al contrario, può trovare che troppe interazioni sociali lo privino delle sue energie, preferendo momenti di riflessione o attività solitarie per ricaricarsi. Questa dinamica può portare a dibattiti su come trascorrere un weekend o come festeggiare occasioni speciali.

Approfondimenti e Passioni: Mentre gli estroversi potrebbero saltare da un'attività all'altra, cercando stimoli vari e nuove esperienze, gli introversi tendono a immergersi profondamente in specifici interessi o passioni. Questo può manifestarsi in modi come leggere un libro per ore, approfondire una particolare arte o mestiere, o dedicare tempo ad attività riflessive come la meditazione.

Esigenze di Spazio: Nelle relazioni, gli introvertiti spesso richiedono spazi personali o momenti di "tempo per sé". Questo non è un riflesso di insoddisfazione nella relazione, ma piuttosto una necessità intrinseca di avere un momento di solitudine per riflettere e rielaborare. Gli estroversi, che potrebbero cercare conforto e ricarica attraverso la connessione, devono capire che questo bisogno non è un rifiuto.

Ascolto vs. Espressione: Gli introversi sono spesso lodati per le loro abilità di ascolto. Possono trattare le conversazioni come opportunità di ascoltare attivamente e riflettere. Gli estroversi, d'altro canto, possono trovare gioia e chiarezza nell'espressione verbale dei propri pensieri e sentimenti. Questa combinazione può essere potente, con un partner che parla liberamente e l'altro che offre un'orecchio attento.

Stili Decisionali: Gli introversi potrebbero desiderare di ponderare le decisioni, riflettendo sulle varie opzioni prima di prendere una posizione. Gli estroversi, invece, potrebbero trovare utile discutere delle opzioni ad alta voce, utilizzando la conversazione come mezzo per raggiungere una decisione.

Valutazione delle Esperienze: Dopo un evento o un'esperienza, un introvertito potrebbe voler riflettere silenziosamente, elaborando internamente. Un estroverso, invece, potrebbe desiderare di condividere e discutere l'esperienza, analizzandola attraverso la conversazione.

In molte di queste situazioni, la comprensione e l'apprezzamento delle differenze può rivelarsi un'opportunità per la crescita sia personale che di coppia. Una relazione tra introversi ed estroversi può portare a una fusione di prospettive che arricchisce entrambi i partner, offrendo una vista più completa della vita e delle sue complessità.

Comunicazione e Risoluzione dei Conflitti: Le differenze tra introversi ed estroversi si manifestano spesso anche nella comunicazione e nella gestione dei conflitti. Gli introversi tendono a evitare confronti diretti e possono ritirarsi per riflettere sulla situazione prima di affrontarla. Gli estroversi, invece, potrebbero preferire affrontare direttamente le controversie, esprimendo apertamente le proprie preoccupazioni. Ciò può portare a incomprensioni, con l'introverso che può sentirsi sopraffatto dalla direttitudine dell'estroverso, e l'estroverso che può sentirsi frustrato dalla riluttanza dell'introverso a discutere immediatamente.

Tempistiche e Pianificazione: Gli introversi apprezzano spesso la prevedibilità e potrebbero voler pianificare le attività in anticipo. Questo dà loro il tempo di prepararsi mentalmente. Gli estroversi, al contrario, possono essere più spontanei, apprezzando l'avventura dell'ignoto e l'eccitazione dell'improvvisazione. Questa differenza può diventare evidente in situazioni come la pianificazione di viaggi, uscite serali o perfino la gestione di impegni quotidiani.

Supporto ed Empatia: Mentre gli introversi tendono a esprimere supporto attraverso l'ascolto attivo e la riflessione profonda, gli estroversi possono dimostrare empatia attraverso azioni tangibili e parole rassicuranti. Questa diversa modalità di espressione può talvolta creare confusione se non viene compresa.

Attività Ricreative: Gli introversi possono apprezzare attività più tranquille e solitarie come la lettura, la scrittura, l'arte o la musica. Gli estroversi possono essere attratti da attività più sociali e dinamiche, come partecipare a feste, eventi sportivi o concerti. Comprendere e rispettare queste preferenze è cruciale per garantire che entrambi i partner si sentano soddisfatti e compresi nella relazione.

Amicizie ed Altre Relazioni: Mentre un estroverso potrebbe avere un ampio circolo di amici e conoscenti con cui vuole trascorrere del tempo, un introvertito potrebbe avere un gruppo ristretto di amici stretti con cui si sente a proprio agio. Queste dinamiche possono influire su come una coppia decide di socializzare o su come trascorre il tempo libero.

Limiti e Compromessi: Una delle sfide più grandi in una relazione tra un introvertito e un estroverso è stabilire limiti chiari e imparare a fare compromessi. Mentre l'introverso potrebbe avere bisogno di silenzio e solitudine dopo una lunga giornata, l'estroverso potrebbe avere bisogno di interazione e conversazione. Trovare un equilibrio in cui entrambe le necessità vengano rispettate è fondamentale.

Le relazioni tra introvertiti ed estroversi possono essere incredibilmente arricchenti. L'interazione di queste due personalità può portare a una profonda comprensione reciproca e a un'apprezzamento delle differenze di ciascuno. La chiave del successo in una tale dinamica è la comunicazione, l'ascolto attivo e la volontà di fare compromessi. Entrambi i partner possono imparare e crescere dall'altro, sperimentando il mondo da una prospettiva unica e diversa.

Gestione dell'Energia: Un aspetto significativo delle relazioni tra introvertiti ed estroversi riguarda la gestione dell'energia. Gli introvertiti tendono a ricaricarsi attraverso momenti di solitudine e riflessione, mentre gli estroversi spesso ricavano energia dalla socializzazione e dall'interazione con gli altri. Questo può creare situazioni in cui, dopo una festa o un grande evento sociale, l'introvertito può voler tornare a casa e rilassarsi in un ambiente tranquillo, mentre l'estroverso potrebbe voler continuare la serata o discutere l'evento appena trascorso.

Profondità contro Larghezza: Nelle interazioni sociali, gli introvertiti tendono a preferire discussioni più profonde e significative con poche persone, mentre gli estroversi possono godere di conversazioni leggere e amichevoli con una vasta gamma di individui. Questa preferenza può emergere in situazioni come cene o feste, dove l'introverso potrebbe cercare un angolo tranquillo per una conversazione approfondita, mentre l'estroverso potrebbe circolare nella stanza interagendo con molti ospiti.

Comprensione e Tolleranza: La comprensione reciproca è fondamentale in una relazione tra un introvertito e un estroverso. È importante che ciascun partner comprenda e rispetti le esigenze dell'altro, riconoscendo che non esiste un approccio "giusto" o "sbagliato" alla vita, ma piuttosto diverse prospettive e bisogni.

Espressione Emotiva: Gli introvertiti possono avere un modo più riservato di esprimere le loro emozioni, preferendo riflettere internamente prima di condividere i loro sentimenti. Gli estroversi, d'altra parte, potrebbero sentirsi più a proprio agio esprimendo apertamente le loro emozioni e condividendole immediatamente. Queste differenze possono portare a sfide comunicative, in cui un partner potrebbe percepire l'altro come distante o troppo emotivo.

Attività di Coppia: La scelta delle attività di coppia può essere un altro terreno di confronto. Mentre un introvertito potrebbe apprezzare una serata tranquilla a casa a guardare un film o a leggere un libro, un estroverso potrebbe desiderare una serata fuori con gli amici o una nuova avventura. Trovare attività che soddisfino entrambi può richiedere creatività e compromesso.

Intimità e Vicinanza: La profondità dell'intimità e la vicinanza emotiva possono essere vissute in modo diverso da introvertiti ed estroversi. Gli introvertiti possono trovare intimità in momenti silenziosi e condivisi, come camminare insieme o condividere una bevanda sotto le stelle. Gli estroversi potrebbero associare l'intimità a conversazioni animate e attività condivise.

Il bellissimo puzzle delle relazioni tra introvertiti ed estroversi risiede nella loro complementarietà. Con la giusta comprensione e comunicazione, questi due tipi di personalità possono arricchirsi a vicenda, portando ad una relazione dinamica e bilanciata.

Concludendo, le dinamiche delle relazioni amorose tra introvertiti ed estroversi, o una combinazione di entrambi, possono offrire sfide uniche e affascinanti opportunità. Queste dinamiche non sono solo una questione di preferenza per la solitudine o la socializzazione, ma piuttosto una profonda differenza nel modo in cui individui con diverse orientamenti di personalità sperimentano il mondo, elaborano le informazioni e interagiscono con i propri cari.

Il cuore di queste differenze si riflette nella gestione dell'energia. Mentre gli introvertiti spesso si sentono esauriti dalle interazioni prolungate e cercano rifugio e ristoro nella solitudine, gli estroversi possono trarre energia e vigore dall'interazione sociale. Questa differenza fondamentale può manifestarsi in vari modi in una relazione, dalla scelta delle attività da condividere, alla comunicazione, all'espressione delle emozioni.

Tuttavia, ciò che emerge chiaramente è che non esiste un approccio "corretto" o "migliore" alle relazioni. Ogni dinamica ha i suoi punti di forza e le sue sfide. Per esempio, la tendenza dell'introvertito a riflettere profondamente può portare a una comprensione più profonda e a conversazioni ricche, mentre l'abilità dell'estroverso di socializzare può portare freschezza e dinamismo nella relazione.

Le sfide, come le possibili incomprensioni derivanti dalle diverse esigenze di spazio personale o di interazione, possono essere superate con la comunicazione aperta e l'empatia reciproca. Un introvertito può aver bisogno di spiegare il suo bisogno di solitudine non come un rifiuto del partner, ma come un modo per ricaricarsi. Allo stesso modo, un estroverso può esprimere il desiderio di socializzare o di condividere più apertamente senza sentire che sta soffocando il suo partner.

L'elemento chiave, come in tutte le relazioni, è la comprensione reciproca. Con la giusta comunicazione, l'intimità tra un introvertito ed un estroverso può essere profonda e gratificante, con entrambi i partner che arricchiscono le vite dell'altro attraverso le loro uniche prospettive e esperienze. Le relazioni tra questi due tipi di personalità testimoniano la bellezza della diversità umana e la capacità dell'amore di trascendere le differenze.

13. Parenting: Come crescere un bambino introverso in un mondo estroverso.

La sfida di crescere un bambino introverso in un mondo che spesso premia e promuove l'estroversione può essere un viaggio complesso e gratificante per i genitori. Dall'ambiente scolastico alle attività extracurriculari, i bambini introvertiti possono trovarsi a navigare in contesti che non sempre rispettano o comprendono le loro esigenze. Tuttavia, con le giuste strategie e un po' di empatia, i genitori possono aiutare i loro figli introvertiti a prosperare.

1. **Comprendere l'Introversione:** La prima e più fondamentale fase per i genitori è comprenderne la natura. L'introversione non è sinonimo di timidezza o insicurezza. Piuttosto, si tratta di come un individuo ricarica le sue energie e interagisce con il mondo. Gli introvertiti spesso

traggono forza e conforto dai momenti di solitudine e riflessione.

2. **Ambiente Familiare:** Assicurarsi che a casa ci sia uno spazio tranquillo dove il bambino può ritirarsi e ricaricarsi. Questo non significa che gli introvertiti debbano essere sempre soli, ma avere un luogo dove possono riflettere e fare una pausa dalle stimolazioni esterne può essere fondamentale.

3. **Comunicazione:** Parlare con il bambino sulle sue esigenze e ascoltare le sue preoccupazioni. Questo può aiutare i genitori a comprendere come il bambino si sente in vari contesti e a individuare modi per sostenerlo.

4. **Socializzazione:** Anche se gli introvertiti possono preferire attività da soli o con piccoli gruppi, è importante incoraggiarli a socializzare e a sviluppare abilità sociali. Ciò può includere la partecipazione a gruppi o club con interessi simili, o organizzare giochi con pochi amici alla volta.

5. **Scuola e Attività Extracurriculari:** Parlate con gli insegnanti e gli allenatori per garantire che comprendano le esigenze del vostro bambino. Ad esempio, un bambino introverso potrebbe non essere a suo agio in presentazioni

di classe spontanee, ma potrebbe eccellere se gli viene dato più tempo per prepararsi.

6. **Valore dell'Introversione:** Aiuta il bambino a vedere i punti di forza della sua introversione. Ad esempio, la capacità di riflessione profonda, l'ascolto attento e la creatività indipendente sono tutte qualità preziose.

7. **Strategie di Adattamento:** Insegna al tuo bambino strategie per gestire situazioni potenzialmente sovraccariche, come prendersi delle pause durante le feste o utilizzare tecniche di rilassamento prima di eventi sociali.

8. **Modellare l'Accettazione:** Mostra con il tuo comportamento che ogni personalità ha il suo valore. Evita di paragonare o spingere il tuo bambino a essere più "aperto" o "socievole". Celebrate le sue unicità.

9. **Educare gli Altri:** A volte, i parenti, gli amici o gli insegnanti potrebbero non comprendere appieno l'introversione. Educandoli sulle esigenze e i punti di forza degli introvertiti, si può creare un ambiente più accogliente e comprensivo.

10. **Flessibilità:** Infine, ricorda che ogni bambino è un individuo e che ciò che funziona per uno potrebbe non funzionare per un altro.

Essere flessibili e pronti ad adattarsi alle esigenze in evoluzione del tuo bambino è essenziale.

In conclusione, crescere un bambino introverso in un mondo estroverso richiede sensibilità, comprensione e un impegno per vedere il mondo attraverso i loro occhi. Con il giusto sostegno e orientamento, i bambini introvertiti possono non solo adattarsi, ma veramente prosperare, portando la loro prospettiva unica e i loro talenti in ogni contesto della loro vita.

Crescere un bambino introverso in un ambiente prevalentemente estroverso richiede una comprensione materna e paterna che va oltre i consigli tradizionali. Questa sfida educativa offre l'opportunità di guardare oltre le generalizzazioni comuni e di costruire un rapporto con il proprio figlio basato sulla comprensione reciproca e sulla crescita.

È fondamentale riconoscere che l'introverso ha un proprio ritmo. Mentre un bambino estroverso può trarre energia dalle interazioni sociali, un bambino introverso potrebbe trovare queste stesse situazioni stancanti. Ma questo non significa che non desiderino o non apprezzino la connessione sociale; spesso, preferiscono interazioni più profonde e significative, magari con un numero minore di persone.

Quando si considera l'educazione formale, è essenziale lavorare in stretta collaborazione con la scuola per garantire che le esigenze del bambino introverso vengano soddisfatte. Mentre la partecipazione attiva e la partecipazione in classe sono spesso incoraggiate, può essere utile discutere con gli insegnanti metodi alternativi per valutare la comprensione e le capacità del bambino senza metterlo costantemente al centro dell'attenzione.

Anche le attività extrascolastiche devono essere considerate con cura. Potrebbe essere utile esplorare hobby o club che si allineano ai loro interessi personali, piuttosto che spingerli verso attività altamente sociali o competitive che potrebbero non adattarsi al loro temperamento.

La tecnologia offre anche nuove opportunità per i bambini introversi. Molti trovano conforto e connessione attraverso piattaforme online, dove possono esprimersi in modo autentico senza le pressioni delle interazioni faccia a faccia. Ciò può essere particolarmente utile durante l'adolescenza, un periodo in cui la ricerca di appartenenza e comprensione è cruciale.

Allo stesso tempo, è essenziale per i genitori monitorare e limitare l'uso della tecnologia, garantendo che il bambino abbia anche opportunità di interagire nel mondo reale e di sviluppare abilità sociali essenziali.

Inoltre, l'introverso spesso ha una ricca vita interiore. Questa capacità di riflessione può essere canalizzata verso attività creative come l'arte, la scrittura o la musica. I genitori possono incoraggiare queste espressioni, offrendo risorse e spazi per esplorare e sviluppare questi talenti.

Un altro aspetto da considerare è il modo in cui i bambini introvertiti gestiscono lo stress e l'ansia. A volte, possono internalizzare le loro preoccupazioni o sentirsi sopraffatti da situazioni che altri potrebbero considerare banali. Qui, pratiche come la meditazione, lo yoga o la terapia possono offrire strumenti preziosi.

Infine, è fondamentale che i genitori stessi comprendano e accettino la propria natura. Se un genitore è estroverso, può essere una sfida comprendere appieno le esigenze del loro bambino introverso. Tuttavia, attraverso la comunicazione aperta e l'empatia, è possibile costruire un ponte tra questi due mondi e garantire che ogni membro della famiglia si senta visto, ascoltato e compreso.

Uno degli aspetti fondamentali nella crescita di un bambino introverso è la costruzione della sua autostima. A causa della prevalenza di un modello sociale estroverso, i bambini introversi possono, a volte, sentirsi "fuori posto" o "diversi". Ecco perché è essenziale che i genitori riconoscano e celebrino le qualità uniche che un bambino introverso porta nella sua vita e nelle vite di coloro che lo circondano.

La lettura, ad esempio, potrebbe diventare una passione per molti introvertiti. I libri offrono un rifugio, un luogo dove le menti curiose possono esplorare mondi diversi e riflettere sul proprio posto in essi. I genitori possono incoraggiare questa passione fornendo una varietà di materiali di lettura e creando uno spazio tranquillo e confortevole per leggere. Questa passione per la lettura può anche tradursi in abilità linguistiche avanzate e un amore per la scrittura.

Molti bambini introversi tendono anche ad avere un forte senso di empatia. Sono spesso sintonizzati sulle emozioni e sui sentimenti degli altri, il che può renderli particolarmente sensibili alle esigenze delle persone intorno a loro. Questa empatia intrinseca può essere indirizzata verso attività come il volontariato, dando al bambino l'opportunità di fare la differenza nella vita degli altri, pur operando in un ambiente che rispetta la sua natura riflessiva.

È anche essenziale considerare come i bambini introvertiti comunicano. Potrebbero non essere rapidi nel condividere i loro pensieri o sentimenti, preferendo riflettere prima di esprimersi. Questa tendenza può portare ad approfondite conversazioni e a un'espressione autentica, ma può anche significare che potrebbero aver bisogno di più tempo per elaborare le informazioni o per prendere decisioni. I genitori dovrebbero offrire loro questo spazio, evitando di premere o affrettare il processo decisionale.

Le attività solitarie come i puzzle, i modellini o la giardinaggio possono diventare hobby appassionanti per i bambini introversi. Queste attività permettono loro di concentrarsi e di immergersi in un compito, offrendo allo stesso tempo l'opportunità di riflettere e di ricaricare le energie.

Un altro elemento fondamentale è l'importanza dei confini. I bambini introversi, come gli adulti, hanno bisogno di tempo da soli per rigenerarsi. I genitori possono aiutare a stabilire questi confini garantendo che ci siano momenti e spazi nella giornata dedicati al "tempo da soli", che non dovrebbero essere visti come asociali o problematici, ma piuttosto come un bisogno essenziale.

Infine, è cruciale che i genitori stessi agiscano come modelli di ruolo, mostrando rispetto e comprensione per tutte le personalità, siano esse introverse o estroverse. Creare un ambiente familiare in cui la diversità di pensiero e di espressione è celebrata può fornire al bambino introverso la sicurezza e la fiducia di cui ha bisogno per prosperare.

Crescere un bambino introverso in un mondo prevalentemente estroverso richiede una comprensione profonda e un'attenta considerazione delle sue esigenze e peculiarità. L'essenza dell'essere introverso non riguarda solo la preferenza per gli ambienti tranquilli o la necessità di tempo da soli; è una complessa tessitura di riflessione profonda, sensibilità, empatia e una particolare modalità di elaborazione del mondo circostante.

I genitori hanno la responsabilità cruciale di riconoscere e valorizzare questi tratti fin dalla tenera età del bambino. Questo inizia fornendo un ambiente sicuro e comprensivo in cui l'introverso può esplorare e comprendere il proprio io senza sentirsi pressato a conformarsi a modelli estroversi. Questo ambiente dovrebbe includere spazi personali, momenti di quiete e opportunità per attività che permettano una profonda riflessione e un'elaborazione interiore.

È altrettanto vitale per i genitori comprendere che la comunicazione con un bambino introverso potrebbe richiedere più pazienza e ascolto attivo. Non dovrebbero interpretare la riservatezza o l'esitazione come segni di insicurezza o timidezza, ma piuttosto come indicatori di una mente in profonda riflessione. Offrire al bambino opportunità e strumenti per esprimersi, sia attraverso la conversazione che attraverso mezzi creativi come la scrittura o l'arte, può fornire canali vitali per la condivisione e la comprensione.

Allo stesso tempo, la società ha i suoi modi di celebrare l'extraversion, spesso premiando comportamenti estroversi in ambiti come la scuola o le attività ricreative. È essenziale che i genitori guidino il loro bambino introverso attraverso queste sfide, insegnandogli a valorizzare i propri punti di forza unici e a trovare modi di inserirsi in situazioni sociali senza compromettere la propria autenticità.

Infine, la chiave per crescere con successo un bambino introverso in un mondo estroverso risiede nella celebrazione dell'unicità del bambino e nel fornire un sostegno costante. Soprattutto, i genitori dovrebbero ricordare che l'introversione non è una carenza o una debolezza, ma piuttosto una qualità distintiva che può portare profondità, introspezione e una prospettiva unica alla vita. E con la giusta guida e supporto, un bambino introverso può crescere per realizzare pienamente il proprio potenziale e fare un'impronta significativa nel mondo che lo circonda.

14. Salute e Benessere: Come l'introverso può prendersi cura di sé in un mondo rumoroso.

La salute e il benessere di un introverso possono essere influenzati profondamente dalla natura rumorosa e spesso travolgente del mondo moderno. Per gli introversi, la continua esposizione a stimoli esterni, le aspettative sociali e le pressioni quotidiane possono portare a stress e affaticamento, riducendo la loro energia e compromettendo il loro benessere generale. Ecco una panoramica approfondita di come un introverso può navigare in un mondo così rumoroso, mantenendo una buona salute fisica e mentale.

1. Autocomprensione: La prima e fondamentale fase è la consapevolezza. Gli introversi dovrebbero imparare a riconoscere e comprendere il proprio funzionamento interno. Questo include la capacità di identificare ciò che li energizza, cosa li svuota e quali sono i loro limiti.

2. Pausa e Riflessione: Poiché gli introversi si ricaricano trascorrendo del tempo da soli, è vitale incorporare periodi regolari di pausa e riflessione nella loro routine quotidiana. Questi momenti possono includere meditazione, lettura, camminate nella natura o semplicemente sedersi in silenzio.

3. Stabilire confini: Gli introversi dovrebbero sentirsi liberi di stabilire confini chiari. Ciò potrebbe significare dire no ad alcune attività sociali, prendere pause regolari durante la giornata lavorativa o comunicare apertamente con gli altri sul proprio bisogno di spazio e tempo per sé.

4. Terapia e Counseling: Alcuni introversi potrebbero beneficiare della terapia, specialmente se lottano con problemi di autostima o ansia. Un terapeuta può offrire strategie per gestire lo stress, sviluppare resilienza e migliorare le competenze interpersonali.

5. Esercizio fisico: Lo sport e l'attività fisica, in generale, sono eccellenti sfogatoi per lo stress e aiutano a migliorare l'umore. Gli introversi potrebbero preferire attività solitarie come il jogging, il nuoto o lo yoga, ma potrebbero anche trovare gioia in attività di gruppo che non richiedono troppa interazione, come classi di danza o arti marziali.

6. Ambienti tranquilli: Creare uno spazio personale tranquillo a casa può fare la differenza. Questo spazio dovrebbe essere privo di distrazioni, magari decorato con elementi rilassanti come candele profumate, luci soffuse o piante.

7. Limitare la sovraesposizione tecnologica: Vivere in un'era digitale può essere travolgente. Gli introversi dovrebbero considerare l'idea di fare delle "detox digitali", limitando il tempo trascorso sui social media o davanti allo schermo.

8. Relazioni significative: Pur necessitando di tempo da soli, gli introversi beneficiano profondamente delle relazioni profonde e significative. È importante coltivare amicizie con persone che comprendono e rispettano la loro natura introspettiva.

9. Educazione continua: Comprendere scientificamente l'introversione può aiutare. Leggere libri, partecipare a workshop o ascoltare podcast sull'argomento può fornire preziosi spunti e strategie.

10. Ascolto attivo del proprio corpo: Ogni individuo ha segnali unici che indicano quando sono stressati o stanchi. Gli introversi dovrebbero imparare a riconoscere questi segnali per poter agire tempestivamente e prendersi cura di sé.

In conclusione, vivere come introverso in un mondo rumoroso richiede una serie di strategie di adattamento. Attraverso la consapevolezza, l'autocura e la ricerca di un equilibrio tra tempo da soli e interazioni significative, gli introversi possono non solo sopravvivere, ma prosperare e vivere una vita ricca e soddisfacente.

L'introverso, essendo naturalmente incline alla riflessione interna e alla profonda elaborazione delle proprie emozioni e pensieri, trova spesso sfida nel costante tumulto del mondo esterno. Questo tumulto può provenire da molteplici fonti: dall'invasività dei media, dalle pressanti aspettative sociali, dalle esigenze di un ambiente di lavoro frenetico e dalla semplice sovrastimolazione di una città affollata. Ecco ulteriori considerazioni e punti focali sull'argomento.

Ambiente fisico: Gli spazi in cui un introverso sceglie di passare il suo tempo possono avere un impatto significativo sul suo benessere generale. Ad esempio, la scelta di una casa con un giardino tranquillo, l'uso di tende oscuranti per filtrare la luce eccessiva o l'investimento in cuffie con cancellazione del rumore possono offrire un rifugio dalla stimolazione esterna. La prossimità alla natura, come un parco o una foresta, può anche fornire un'ancora di calma.

Nutrizione: La dieta può influenzare direttamente la nostra energia e il nostro umore. Sebbene ciò valga per tutti, gli introversi, che sono particolarmente sintonizzati sui propri stati interni, potrebbero notare con maggiore acutezza gli effetti di una dieta squilibrata. Integrare alimenti che supportano la funzione cerebrale, come quelli ricchi di acidi grassi omega-3, può aiutare nella concentrazione e nel mantenimento dell'equilibrio emotivo.

Routine quotidiana: Stabilire una routine quotidiana può essere una bussola per gli introversi. Sapere cosa aspettarsi e quando aspettarselo, può ridurre l'ansia e permettere loro di prepararsi mentalmente per le attività della giornata, specialmente quelle sociali.

Hobby e passatempi: Gli introversi possono trarre grande piacere e ristoro da hobby che permettono riflessione e concentrazione. Attività come la scrittura, la pittura, la fotografia, il giardinaggio o la musica offrono un'opportunità per esprimersi e riflettere, fornendo allo stesso tempo una pausa dalla stimolazione esterna.

Tecniche di rilassamento: Metodi come il training autogeno, la respirazione profonda e la meditazione guidata possono aiutare gli introversi a rilassarsi e a centrarsi, specialmente dopo un periodo di intensa interazione sociale.

Viaggi e scelte di vacanza: Mentre molti estroversi potrebbero trovare eccitazione in vacanze avventurose o destinazioni affollate, molti introversi potrebbero preferire mete più tranquille. Luoghi come ritiri in montagna, soggiorni in piccoli villaggi o vacanze in posti isolati possono offrire l'opportunità di riconnettersi con se stessi.

Supporto di comunità: Anche se potrebbe sembrare controintuitivo, trovare una comunità di persone simili può essere immensamente benefico per gli introversi. Gruppi o club che si riuniscono intorno a interessi comuni possono offrire un'interazione sociale significativa ma limitata.

L'importanza della sintonizzazione: L'ascolto attivo delle proprie esigenze e la sintonizzazione con le proprie emozioni sono fondamentali. Se un introverso inizia a sentirsi sopraffatto, potrebbe essere il momento di fare una pausa e ricaricarsi.

Attraverso queste diverse aree di riflessione e adattamento, gli introversi possono navigare con maggiore facilità nel tumulto del mondo esterno, assicurando che, anche in mezzo al rumore, ci sia sempre un luogo di quiete e pace interiore a cui tornare.

Il benessere dell'introverso in un mondo rumoroso non si limita solo a trovare quiete fisica, ma anche a costruire un ambiente interiore stabile e resiliente. Gli introversi, con la loro naturale predisposizione alla riflessione e all'analisi interna, possono trarre vantaggio da una serie di pratiche e atteggiamenti che li aiutano a gestire e prosperare in situazioni che potrebbero sembrare ostili.

Tecnologia e disconnessione: Viviamo in un'era digitale, dove la connessione è costante e onnipresente. Per gli introversi, può essere particolarmente gratificante prendersi delle "pause digitali", ovvero periodi in cui si disconnettono dai dispositivi elettronici per immergersi nel momento presente. Questo può aiutare a ridurre l'ansia e lo stress associati al sovraccarico di informazioni.

Gestione del tempo: La capacità di gestire efficacemente il proprio tempo è una competenza cruciale. Gli introversi potrebbero scoprire che dedicare momenti specifici della giornata alla riflessione, alla lettura o a semplici momenti di quiete può aiutare a bilanciare le energie e a prevenire la sensazione di essere sopraffatti.

Gestione delle energie: Ogni individuo ha un certo "serbatoio" di energia sociale da utilizzare. Per gli introversi, questo serbatoio può esaurirsi più rapidamente. Essere consapevoli dei propri limiti e imparare a dire "no" quando è necessario può prevenire l'esaurimento e garantire che ci sia sempre energia disponibile per le interazioni che contano davvero.

Autocompassione: La società può, a volte, vedere l'introversione come una debolezza o come un tratto da superare. Tuttavia, è fondamentale che gli introversi apprezzino e valorizzino se stessi per chi sono. L'autocompassione implica accettare se stessi, riconoscere i propri punti di forza e affrontare le sfide con gentilezza e comprensione.

Terapie e counselling: In alcune situazioni, potrebbe essere utile cercare il supporto di un professionista. La terapia può offrire agli introversi uno spazio sicuro per esplorare le proprie emozioni e trovare strategie per gestire le sfide quotidiane.

Formazione e sviluppo personale: Ci sono molti corsi, libri e risorse disponibili che sono specificamente progettati per aiutare gli introversi a comprendere meglio se stessi e a sviluppare competenze per prosperare. Questi possono variare da corsi di comunicazione a seminari su come costruire relazioni significative.

Connessione con la natura: La ricerca ha dimostrato che passare del tempo nella natura può avere effetti calmanti e rinvigorenti sulla mente e sul corpo. Gli introversi possono trarre particolare beneficio dalle escursioni nella natura, dalle passeggiate nel parco o semplicemente trascorrendo del tempo in un ambiente naturale.

Arte e espressione creativa: L'arte può offrire agli introversi un mezzo per esprimere emozioni e pensieri che potrebbero essere difficili da comunicare a parole. Che si tratti di pittura, scultura, musica o scrittura, l'espressione creativa può offrire un'ancora di senso e di scopo.

Mindfulness e pratiche di consapevolezza: La mindfulness, o la pratica di essere pienamente presenti nel momento attuale, può aiutare gli introversi a radicarsi nel presente e a ridurre l'ansia e lo stress.

Attraverso l'esplorazione e l'adozione di queste pratiche e approcci, gli introversi possono costruire un repertorio di strumenti e tecniche che li aiutano non solo a sopravvivere, ma a prosperare in un mondo che spesso sembra non avere pause.

Nella vasta panoramica del benessere dell'introverso in un mondo rumoroso, è essenziale comprendere come l'ambiente circostante influenzi direttamente il benessere mentale ed emotivo di un individuo introvertito. Le nostre società contemporanee, in particolare nelle grandi città, sono spesso caratterizzate da stimoli costanti, che possono rappresentare una sfida per chi è naturalmente predisposto a riflettere e ad avere momenti di introspezione.

Adattamento agli spazi: Gli introversi, più degli estroversi, potrebbero sentire il bisogno di adattare i loro spazi personali per assicurarsi che siano favorevoli al rilassamento e alla riflessione. Questo potrebbe includere la creazione di angoli tranquilli nelle loro case, l'uso di luci soffuse, o l'integrazione di piante e elementi naturali per aumentare la sensazione di pace.

Rituali quotidiani: Stabilire una routine quotidiana può essere particolarmente benefico per gli introversi. Avere rituali come una tazza di tè in un momento specifico della giornata, o dedicare del tempo alla meditazione o alla lettura, può servire come ancoraggio e offrire un senso di struttura in mezzo al caos.

Relazioni intime: Sebbene gli introversi possano trovare faticose le interazioni sociali in grandi gruppi, tendono ad avere relazioni profonde e significative. Queste connessioni intime possono servire come una fonte di conforto e sostegno. Tuttavia, è anche importante per loro comunicare i propri bisogni ai propri cari, in modo che possano comprendere e rispettare il bisogno di solitudine e riflessione.

Attività fisica: Anche se potrebbe sembrare controintuitivo, l'attività fisica può essere incredibilmente terapeutica per gli introversi. Sport come il nuoto, la corsa o il ciclismo, che possono essere praticati in solitudine, offrono un'opportunità per riflettere mentre si mantiene il corpo attivo.

Diete e nutrizione: Ciò che mettiamo nel nostro corpo può influenzare direttamente il nostro stato mentale. Gli introversi potrebbero beneficiare di diete che promuovono la chiarezza mentale e riducono l'ansia. Alimenti come il pesce ricco di omega-3, noci, semi e verdure a foglia verde possono contribuire a un equilibrio mentale.

Viaggi e scoperte: Sebbene gli introversi possano trovare stressanti i viaggi in luoghi affollati, possono anche trarre enorme beneficio dal visitare luoghi tranquilli e pacifici. Viaggiare in luoghi naturali o città meno conosciute può offrire loro una prospettiva fresca e un'opportunità per riflettere lontano dal solito ambiente.

Apprendimento continuo: Molte persone introverse hanno una sete insaziabile di conoscenza. Impegnarsi in corsi online, seminari o workshop può non solo fornire una distrazione dal rumore esterno ma anche arricchire la loro comprensione del mondo.

Muso libero: A volte, per un introverso, può essere benefico semplicemente lasciare vagare la mente senza un obiettivo specifico. Questi momenti di "muso libero" possono portare a scoperte personali e a una maggiore comprensione di sé.

Attraverso una combinazione di adattamenti ambientali, rituali personali e una profonda consapevolezza delle proprie esigenze, gli introversi possono trovare equilibrio e pace in un mondo che spesso sembra non fermarsi mai.

La comprensione e l'accettazione della propria natura introvertita in un mondo estroverso, particolarmente attivo e talvolta sopraffacente, non è solo una questione di autopercezione, ma si estende alla creazione di un ambiente e di uno stile di vita che possano nutrire l'anima e la mente dell'introverso. L'importanza della salute e del benessere per un introvertito non può essere sottovalutata e, come

abbiamo visto, ci sono molteplici sfaccettature da
considerare.

Innanzitutto, l'ambiente fisico in cui un introvertito
sceglie di vivere e lavorare ha un impatto diretto sul
suo benessere. Spazi personalizzati, tranquilli e
armoniosi, che riflettano e rispettino il bisogno di
solitudine e introspezione, sono essenziali. Questo non
significa isolarsi dal mondo, ma piuttosto creare un
rifugio sicuro dove ritirarsi e ricaricarsi. L'importanza
di un angolo tranquillo, di una luce morbida, o di un
ambiente che emana naturalità, può fare una
differenza significativa nella vita quotidiana di un
introverso.

La routine e la struttura, anch'esse, giocano un ruolo
cruciale. Gli introvertiti possono trarre grande conforto
dalla prevedibilità e dalla struttura, trovando
nell'ancoraggio di rituali quotidiani un equilibrio in
mezzo al caos. Questi rituali possono variare dalla
meditazione alla lettura, alla pratica di esercizi fisici.
L'attività fisica, in particolare, se scelta in funzione
delle proprie inclinazioni (es. sport solitari come la
corsa o il nuoto), può offrire un'opportunità di
riflessione profonda mentre si mantiene il corpo attivo.

Alimentazione e nutrizione sono, sorprendentemente,
un altro elemento fondamentale nel benessere
dell'introverso. Una dieta bilanciata che promuove la
chiarezza mentale può contribuire a ridurre i livelli di

stress e ansia, aiutando l'introverso a sentirsi più centrato e in equilibrio con se stesso.

Nonostante possano apparire come individui che preferiscono la solitudine, gli introvertiti spesso hanno una profonda sete di conoscenza e scoperta. Questa passione può essere alimentata attraverso l'apprendimento continuo, che offre non solo una fuga dal rumore esterno, ma anche un modo per arricchire la propria visione del mondo.

In conclusione, la salute e il benessere dell'introverso in un mondo rumoroso e frenetico richiedono una consapevolezza profonda delle proprie esigenze e dei propri limiti. Attraverso una combinazione di adattamenti ambientali, routine personalizzate, una dieta equilibrata e un impegno costante nell'apprendimento e nella crescita personale, gli introversi non solo possono sopravvivere, ma prosperare, trovando un equilibrio tra la loro natura riflessiva e le esigenze del mondo esterno.

15. Il Ruolo della Tecnologia: Impatto dei social media
e delle nuove tecnologie sulla vita degli introversi.

Il Ruolo della Tecnologia: Impatto dei social media e delle nuove tecnologie sulla vita degli introversi.

La tecnologia ha trasformato il modo in cui viviamo, lavoriamo e interagiamo, offrendo nuove opportunità e sfide per tutti, indipendentemente dalla loro personalità. Per gli introvertiti, le nuove tecnologie e i social media presentano sia vantaggi significativi che sfide potenziali. Analizziamo come questi strumenti abbiano influenzato la vita degli introversi, sia in termini positivi che negativi.

Vantaggi per gli Introversi:

1. **Canali Alternativi di Comunicazione:** Gli introvertiti, che spesso possono sentirsi a disagio in situazioni sociali dirette, hanno trovato nei social media e nelle piattaforme di messaggistica una via alternativa di espressione. Queste piattaforme permettono di comunicare senza l'immediatezza e la pressione delle interazioni faccia a faccia.

2. **Autonomia nel Controllo delle Interazioni:** Con la tecnologia, gli introvertiti possono scegliere quando, come e con chi interagire. Hanno la libertà di disconnettersi o di mettere in pausa le interazioni quando hanno bisogno di tempo per riflettere o ricaricarsi.

3. **Possibilità di Espressione Creativa:** Blog, vlog, podcast e altre piattaforme creative offrono agli introvertiti un mezzo per condividere le loro idee, passioni e storie con un pubblico più ampio, senza la necessità di interagire direttamente.

4. **Accesso all'Informazione e all'Apprendimento:** La tecnologia ha democratizzato l'accesso alle informazioni. Gli introvertiti, che spesso sono curiosi e amano l'apprendimento autonomo, possono beneficiare enormemente da risorse online come corsi, webinar e seminari virtuali.

Sfide per gli Introversi:

1. **Sovraccarico di Informazioni:** L'incessante flusso di notizie, aggiornamenti e notifiche può essere travolgente per chiunque, ma particolarmente per gli introvertiti, che potrebbero trovare difficile filtrare e gestire tutte queste informazioni.

2. **Pressione Sociale Virtuale:** Anche se i social media possono offrire una forma di interazione meno diretta, essi portano con sé una nuova forma di pressione sociale. La necessità percepita di essere sempre "connessi", di rispondere rapidamente ai messaggi o di mantenere un certo "immagine" online può essere stressante.

3. **Diluizione della Solitudine Qualitativa:** La solitudine, intesa come tempo di qualità trascorso con se stessi per riflettere e ricaricarsi, può essere interrotta dalle distrazioni tecnologiche. La tentazione di controllare costantemente i dispositivi può impedire momenti veri e propri di disconnessione.

4. **Impatto sulla Salute Mentale:** La comparazione costante con gli altri sui social media, unita alla natura spesso idealizzata delle piattaforme, può avere effetti negativi sulla salute mentale, portando a sentimenti di inadeguatezza o isolamento.

In conclusione, mentre la tecnologia e i social media offrono numerose opportunità per gli introvertiti, presentano anche sfide che richiedono consapevolezza e gestione attiva. È fondamentale per gli introvertiti riconoscere questi pro e contro e adottare strategie per utilizzare la tecnologia in modo che supporti il loro benessere, piuttosto che ostacolarlo. Questo può includere stabilire limiti sani, prendere pause digitali regolari e ricordare che, anche in un mondo sempre più connesso, la connessione più importante è quella con se stessi.

L'incursione della tecnologia nella nostra vita quotidiana ha plasmato l'essenza delle interazioni umane, e gli introversi, pur essendo notoriamente riservati e riflessivi, non sono rimasti immuni a questi cambiamenti. Se, da un lato, la tecnologia ha aperto porte che prima erano chiuse per gli introvertiti, dall'altro lato ha introdotto nuove sfide da affrontare.

Uno degli aspetti interessanti è il fenomeno dei "finti estroversi online". Molti introversi, che nella vita reale preferiscono evitare le folle e le grandi riunioni, online possono apparire come estroversi, partecipando attivamente a discussioni, creando contenuti e avendo un seguito significativo. Questo può essere attribuito al fatto che le interazioni online offrono un livello di separazione e anonimato, che può agire come un buffer per gli introversi, proteggendoli dall'ansia che spesso accompagna le interazioni faccia a faccia.

Tuttavia, questo comportamento può portare a una sorta di dissonanza cognitiva. La discrepanza tra come un individuo introverso si presenta online e come si sente internamente può creare tensioni. C'è anche il rischio che gli introversi possano diventare troppo dipendenti dalla loro identità online, trascurando o evitando interazioni nel mondo reale, che sono cruciali per la crescita personale e il benessere.

Un altro aspetto rilevante della tecnologia è la sua capacità di offrire aiuto e risorse agli introversi. Ci sono numerose applicazioni e piattaforme che offrono meditazione guidata, tecniche di respirazione e consigli di mindfulness, che sono particolarmente utili per gli introversi per gestire lo stress e l'ansia. Allo stesso modo, forum e gruppi online specifici per gli introversi possono servire come una comunità di sostegno, dove si possono condividere esperienze, sfide e soluzioni.

D'altra parte, l'ubiquità dei dispositivi tecnologici ha ridotto significativamente i momenti di "ozio creativo" o di riflessione profonda. L'ozio, o il semplice atto di non fare nulla e di lasciar vagare la mente, è fondamentale per la creatività e la riflessione. Per gli introversi, che spesso traggono ispirazione da questi momenti di tranquillità, la constante notifica, il bip, o il lampeggiare dei dispositivi possono interrompere questi preziosi momenti di introspezione.

Inoltre, mentre i social media possono sembrare una benedizione per gli introvertiti, offrendo loro un modo di socializzare senza l'ansia delle interazioni faccia a faccia, c'è il rischio che queste piattaforme possano in realtà aumentare i sentimenti di isolamento e di inadeguatezza. La natura spesso curata e filtrata dei post sui social media può portare a comparazioni malsane e a una visione distorta della realtà.

Infine, è interessante notare come l'interazione con l'intelligenza artificiale e con gli assistenti virtuali stia diventando sempre più comune. Per gli introvertiti, questi possono diventare compagni ideali, offrendo interazione e aiuto senza giudizio. Tuttavia, come con ogni aspetto della tecnologia, è essenziale trovare un equilibrio e garantire che la dipendenza dalla tecnologia non ostacoli le autentiche connessioni umane.

La crescente pervasività della tecnologia nella nostra vita ha avuto un impatto ineguagliabile sulla natura dell'interazione e della socializzazione, e per gli introversi, questo si traduce in una miriade di nuove sfaccettature da esplorare. Oltre ai già menzionati vantaggi e sfide dei social media, ci sono molti altri aspetti che meritano attenzione.

Per esempio, l'era digitale ha visto la nascita di una nuova forma di comunicazione: la messaggistica istantanea. Se prima la comunicazione avveniva principalmente di persona o al telefono, ora WhatsApp, Telegram, Messenger e molte altre piattaforme di messaggistica hanno trasformato il modo in cui interagiamo. Per molti introversi, scrivere piuttosto che parlare può essere molto più confortevole. La messaggistica permette loro di riflettere prima di rispondere, senza la pressione immediata di una conversazione faccia a faccia.

Tuttavia, come tutto, anche questa medaglia ha il suo rovescio. La messaggistica istantanea, pur essendo un mezzo conveniente, può a volte portare a malintesi, dal momento che è priva delle sfumature e del linguaggio del corpo che accompagnano le conversazioni tradizionali. Per gli introversi, che già possono lottare con le interazioni sociali, queste malintesi possono essere particolarmente difficili da gestire.

Un altro aspetto degno di nota è la crescente popolarità dei videogiochi online. Questi spazi virtuali offrono un ambiente in cui gli introversi possono interagire con gli altri senza molte delle pressioni delle interazioni nel mondo reale. Sia che si tratti di collaborare con altri giocatori in un gioco di squadra o di esplorare mondi virtuali in solitaria, i videogiochi possono offrire agli introversi una via di fuga e un modo per socializzare che si adatta al loro ritmo.

Ancora, non bisogna dimenticare l'ascesa dei podcast e degli audiolibri. Mentre prima gli introversi potevano sentirsi fuori luogo in un gruppo che discuteva l'ultimo successo letterario o l'evento di attualità, ora, grazie ai podcast e agli audiolibri, hanno l'opportunità di immergersi in argomenti di interesse e arricchire le loro conoscenze. Questi strumenti possono fungere da ponti conversazionali, permettendo agli introversi di partecipare a discussioni senza sentirsi esclusi.

Un ultimo punto meritevole di discussione è l'impatto della tecnologia sulla privacy. Viviamo in un'epoca in cui la nostra vita digitale è costantemente monitorata e analizzata. Per gli introversi, che spesso valorizzano la loro privacy e il loro spazio personale, questo può essere motivo di preoccupazione. La crescente domanda di VPN, software anti-tracciamento e applicazioni di messaggistica crittografata suggerisce che non sono solo gli introversi a preoccuparsi della loro privacy digitale.

Tutto sommato, mentre la tecnologia ha senza dubbio portato molte opportunità per gli introversi, ha anche introdotto nuove sfide. La chiave, come sempre, è trovare un equilibrio e utilizzare la tecnologia come uno strumento per arricchire la vita, piuttosto che permetterle di dominarla.

La tecnologia, nella sua inarrestabile marcia di progresso, ha svolto un ruolo cruciale nel modellare le interazioni umane e la percezione dell'individuo nella società contemporanea. Gli introversi, un gruppo spesso misconosciuto o stereotipato, hanno trovato in questa era digitale sia delle benedizioni che delle sfide.

Innanzitutto, è fondamentale riconoscere che la tecnologia ha offerto agli introversi una sorta di "rifugio virtuale", un luogo dove possono esprimersi senza le pressioni tipiche delle interazioni faccia a faccia. Le piattaforme di social media, come Facebook, Instagram e Twitter, hanno permesso a molte persone di costruire una rete di connessioni virtuali, di condividere i propri pensieri e interessi e, in molti casi, di trovare comunità e gruppi di persone con interessi simili.

Tuttavia, mentre i social media possono essere una piattaforma di espressione, possono anche portare a confronti sfavorevoli, dove l'immagine filtrata della vita degli altri può causare sentimenti di inadeguatezza o isolamento. Inoltre, la natura "sempre attiva" di tali piattaforme può creare un senso di esaurimento informativo e social overload, specialmente per gli introversi che apprezzano momenti di solitudine e riflessione.

L'avvento di piattaforme di messaggistica istantanea, come WhatsApp o Telegram, ha fornito un ulteriore strumento di comunicazione che può risultare meno invasivo di una chiamata telefonica, dando tempo agli utenti di formulare risposte senza la pressione di una risposta immediata.

Nel contesto dei videogiochi, gli ambienti virtuali hanno offerto nuove forme di socializzazione. Gli introversi possono ora partecipare a squadre, forgiare alleanze e interagire con persone di tutto il mondo, il tutto dalla comodità e sicurezza delle loro case.

Tuttavia, la stessa tecnologia che offre questi vantaggi può anche avere ripercussioni negative. La questione della privacy è diventata centrale. In un mondo dove ogni clic, acquisto o interazione online viene tracciato e analizzato, la sensazione di essere sempre sotto osservazione può essere angosciante. Questo è particolarmente vero per gli introversi, che spesso danno grande valore alla loro privacy.

In conclusione, mentre la tecnologia ha aperto molte porte e creato nuove opportunità per gli introversi, ha anche presentato sfide che non possono essere ignorate. La chiave per gli introversi, come per tutti, sarà saper navigare questo paesaggio digitale in continua evoluzione, trovando equilibrio tra connessione e solitudine, espressione e privacy. Come per ogni grande rivoluzione, l'era digitale richiede una riflessione profonda su come le nuove tecnologie possono essere utilizzate al meglio per arricchire la vita umana piuttosto che complicarla.

16. Estroversione e Introverso nel Business: Come le aziende possono valorizzare entrambi per il successo.

L'ambiente aziendale moderno si è evoluto notevolmente negli ultimi decenni, diventando sempre più globalizzato, tecnologico e interconnesso. Questa evoluzione ha portato alla luce la necessità di una comprensione più profonda della psicologia umana e delle differenze individuali, come l'introversione e l'estroversione, per garantire il successo e la sostenibilità aziendale. La valorizzazione di entrambe le personalità può offrire vantaggi inestimabili nel mondo degli affari.

Estroversi nel Business: Gli estroversi, con la loro naturale inclinazione verso le relazioni sociali e l'abilità di creare rapidamente connessioni, sono spesso visti come grandi venditori, oratori e leader. Tendono a lavorare bene in team, a sentirsi a proprio agio nelle presentazioni e nelle riunioni, e a trarre energia dall'interazione con gli altri. Queste caratteristiche possono renderli particolarmente efficaci in ruoli orientati al cliente, dove la capacità di instaurare rapporti rapidamente può determinare il successo.

Introversi nel Business: Gli introversi, d'altra parte, spesso si eccellono in compiti che richiedono una profonda riflessione, analisi e concentrazione. La loro tendenza a riflettere prima di parlare e ad ascoltare attivamente può renderli grandi problem solvers, analisti e progettisti. Sono spesso molto osservatori e possono catturare dettagli che ad altri potrebbero sfuggire. La loro capacità di lavorare in modo autonomo e di concentrarsi per lunghi periodi li rende preziosi in ruoli che richiedono precisione e dedizione.

Valorizzare entrambi: Le aziende che desiderano prosperare nell'ambiente attuale devono imparare a valorizzare e utilizzare al meglio entrambe queste personalità.

1. **Formazione e Sviluppo**: Offrire formazione che riconosce e valorizza le differenze individuali può aiutare sia introvertiti che estroversi a comprendere e rispettare i loro contributi unici.

2. **Strutturazione del Team**: Creare team bilanciati con un mix di personalità può portare a una maggiore innovazione e produttività. Ad esempio, mentre un estroverso può guidare e promuovere un'idea, un introverso potrebbe essere la persona che ha riflettuto a lungo su quella specifica idea e ne ha valutato i rischi e i benefici.

3. **Spazi di Lavoro**: Considerare la progettazione di spazi di lavoro che offrono sia aree aperte per la collaborazione che spazi privati per la riflessione e il lavoro concentrato.

4. **Feedback e Comunicazione**: Gli introversi potrebbero preferire un feedback uno-a-uno o comunicazioni scritte, mentre gli estroversi potrebbero apprezzare la discussione aperta e le riunioni di gruppo.

5. **Riconoscimento**: Gli estroversi potrebbero apprezzare il riconoscimento pubblico, mentre gli introversi potrebbero preferire un riconoscimento più discreto o personale.

Concludendo, le aziende che riconoscono e valorizzano sia gli introvertiti che gli estroversi non solo creeranno un ambiente di lavoro più armonioso e inclusivo, ma saranno anche meglio posizionate per affrontare le sfide e cogliere le opportunità del mondo degli affari moderno. La chiave è la comprensione, la flessibilità e la volontà di adattarsi alle diverse esigenze e punti di forza di ogni individuo.

Mentre la dualità introversione-estroversione continua a giocare un ruolo fondamentale nelle dinamiche aziendali, emerge un altro aspetto rilevante: l'importanza della diversità cognitiva. La diversità cognitiva si riferisce alla varietà di modi in cui le persone pensano, risolvono i problemi e interagiscono con le informazioni. Incorporando la diversità cognitiva nelle strategie aziendali, si può creare un ambiente in cui introversi ed estroversi possono lavorare insieme in modo complementare.

Ruolo dei Leader nel Riconoscere la Diversità: I leader aziendali hanno la responsabilità di identificare e valorizzare la gamma di personalità all'interno dei loro team. Questo può significare, ad esempio, riconoscere che mentre un estroverso può brillare in una sessione di brainstorming di gruppo, un introverso potrebbe preferire elaborare le sue idee in solitudine prima di condividerle. Una gestione efficace implica la creazione di opportunità per entrambe le personalità di prosperare.

Implicazioni per la Presa di Decisioni: Gli estroversi tendono ad essere assertivi, parlano spesso e possono essere rapidi nel prendere decisioni. Gli introversi, d'altra parte, potrebbero prendere più tempo per riflettere, elaborando le informazioni in modo più profondo. Entrambe queste approcci possono essere preziose. Ad esempio, in situazioni ad alta pressione, la capacità degli estroversi di prendere decisioni rapidamente può essere cruciale. Tuttavia, in circostanze che richiedono una riflessione approfondita, il metodo dell'introverso potrebbe portare a una decisione più informata e ponderata.

L'Adattabilità nel Mondo degli Affari: In un ambiente aziendale in rapida evoluzione, la capacità di adattarsi è fondamentale. Qui, entrambe le personalità possono imparare l'una dall'altra. Gli estroversi possono trarre ispirazione dalla riflessività degli introversi, imparando a fermarsi e riflettere quando necessario. Allo stesso modo, gli introversi possono imparare dall'abilità degli estroversi di agire rapidamente e interagire con energia in situazioni sociali.

La Gestione dei Conflitti: La gestione dei conflitti è un'area in cui la dinamica introversione-estroversione può diventare particolarmente evidente. Gli estroversi potrebbero affrontare direttamente i problemi, mentre gli introversi potrebbero cercare di evitare il conflitto e riflettere prima di rispondere. Comprendere queste differenze può aiutare a formulare strategie per risolvere i conflitti in modo efficace, garantendo che tutte le voci vengano ascoltate e che le soluzioni siano equilibrate.

Networking e Relazioni Aziendali: Il networking è un aspetto cruciale del mondo degli affari. Mentre gli estroversi potrebbero trovare naturale ed energizzante il socializzare in grandi eventi, gli introversi potrebbero trovare valore nelle connessioni più profonde e personali formate in incontri uno-a-uno o in piccoli gruppi.

È evidente che ogni tipo di personalità porta qualcosa di unico al tavolo. Le aziende che riconoscono e valorizzano questi contributi possono creare un ambiente in cui sia gli introversi che gli estroversi possono prosperare e contribuire al successo complessivo dell'organizzazione.

Strategie di Assunzione e Selezione: Quando le aziende cercano di assumere talenti, è essenziale che non si concentrino semplicemente su chi sembra il più carismatico o sicuro durante l'intervista. In molti casi, gli introversi possono apparire meno sicuri in situazioni ad alta pressione come un colloquio, ma ciò non riflette necessariamente la loro competenza o abilità. È cruciale per le aziende avere processi di selezione che permettano a entrambi, introvertiti ed estroversi, di mostrare le loro forze. Questo potrebbe includere l'uso di test pratici, periodi di prova o interviste strutturate che vanno oltre le impressioni iniziali.

Formazione e Sviluppo Professionale: In ambito di formazione, è essenziale riconoscere che gli introvertiti ed estroversi potrebbero avere stili di apprendimento diversi. Mentre gli estroversi potrebbero beneficiare di sessioni interattive, di gruppo e di dibattito, gli introvertiti potrebbero trarre maggior vantaggio da formazioni individuali, studi indipendenti o piccoli gruppi di discussione. Le aziende dovrebbero offrire una varietà di modalità formative per soddisfare le esigenze di tutti.

Comunicazione Aziendale: La comunicazione è la chiave in qualsiasi organizzazione. Tuttavia, mentre gli estroversi possono sentirsi a proprio agio a parlare apertamente in grandi riunioni o presentazioni, gli introvertiti potrebbero preferire metodi di comunicazione più riservati come le e-mail, le chat o le riunioni uno-a-uno. Le aziende devono riconoscere che non tutti si esprimono allo stesso modo e dovrebbero promuovere una cultura di comunicazione aperta che accolga diversi stili comunicativi.

Stili di Leadership: Non tutti i leader sono estroversi carismatici. Molti introversi hanno dimostrato di essere leader efficaci grazie alla loro capacità di ascolto, empatia e riflessione profonda. Le aziende dovrebbero riconoscere e valorizzare la leadership introvertita, fornendo formazione e sviluppo specifici per aiutare gli introvertiti a riconoscere e coltivare le loro forze uniche come leader.

Flessibilità del Lavoro: Con l'evoluzione della tecnologia e del mondo del lavoro, sempre più aziende stanno adottando modelli di lavoro flessibili. Questa flessibilità può essere particolarmente vantaggiosa per gli introvertiti. La possibilità di lavorare da casa o in ambienti più tranquilli, ad esempio, può permettere agli introvertiti di prosperare e aumentare la loro produttività.

Iniziative di Team Building: Mentre le attività di team building sono spesso viste come opportunità per migliorare la coesione e la collaborazione tra i membri del team, è essenziale che queste attività non favoriscano solo gli estroversi. Ad esempio, non tutte le attività devono essere altamente sociali o richiedere una grande interazione. Alcune iniziative potrebbero concentrarsi su attività più riflessive o creative, permettendo agli introvertiti di brillare.

In conclusione, le aziende che desiderano raggiungere il successo in un mercato competitivo devono riconoscere e valorizzare sia gli introvertiti che gli estroversi. Integrando strategie che tengano conto delle esigenze e delle forze di entrambi, le aziende possono costruire team più forti, innovativi e resilienti.

Concludendo, il mondo degli affari è un tessuto complesso di dinamiche, interazioni e obiettivi. Ogni individuo, sia esso introvertito o estroverso, porta al tavolo un insieme unico di competenze, visioni e abilità. Il successo di un'azienda, in gran parte, dipende dalla sua capacità di riconoscere, integrare e valorizzare questa diversità di talenti.

1. **Valutazione delle Competenze**: È cruciale che le aziende si astengano dal giudicare le competenze di un individuo basandosi su stereotipi superficiali. Non è raro che un introvertito venga etichettato come timido o meno competente nelle dinamiche di gruppo solo sulla base della sua natura riservata. Ma, come molte ricerche hanno dimostrato, gli introvertiti spesso possiedono abilità profonde di analisi, ascolto attivo e concentrazione - tutte qualità preziose nel mondo degli affari.

2. **Cultura Organizzativa**: Le aziende dovrebbero sforzarsi di creare una cultura che celebra e integra le differenze. Ciò significa creare spazi in cui sia gli introvertiti che gli estroversi possano sentirsi valorizzati e ascoltati. Dalle politiche aziendali alle infrastrutture fisiche, ogni elemento dovrebbe riflettere un impegno verso l'inclusività.

3. **Leadership**: La leadership non dovrebbe essere vista solo come la capacità di parlare ad alta voce o di dominare una sala riunioni. Gli introvertiti, con la loro capacità di ascoltare, riflettere e rispondere in modo ponderato, possono spesso fornire una guida calma e misurata, essenziale in tempi di crisi o incertezza.

4. **Formazione e Crescita Professionale**: La crescita professionale è un aspetto fondamentale per ogni individuo. Gli introvertiti dovrebbero avere accesso a opportunità di formazione che rispettino e valorizzino il loro stile di apprendimento. Ciò potrebbe significare fornire formazione online, workshop interattivi in piccoli gruppi o coaching individuale.

5. **Reti e Collaborazione**: Mentre gli estroversi potrebbero trovare gioia e valore nelle grandi interazioni di gruppo, gli introvertiti spesso prosperano in situazioni più intime. Le aziende

dovrebbero riconoscere ciò e fornire piattaforme e opportunità per entrambi gli stili di networking.

6. **Feedback e Valutazione**: Il processo di feedback dovrebbe essere adattato per riconoscere e celebrare i successi sia degli introvertiti che degli estroversi. Mentre gli estroversi potrebbero apprezzare elogi pubblici, gli introvertiti potrebbero preferire un riconoscimento più riservato e personale.

7. **Flessibilità e Autonomia**: In un'era dominata dalla tecnologia e dalla globalizzazione, la flessibilità lavorativa è diventata sempre più possibile e necessaria. Fornire agli introvertiti la flessibilità di lavorare in un ambiente che si adatta al loro stile può portare a una maggiore produttività e soddisfazione.

In ultima analisi, sia l'introversione che l'estroversione rappresentano due estremità di uno spettro. Ogni individuo ha una combinazione unica di tratti di entrambi gli estremi. Riconoscendo, comprendendo e valorizzando queste differenze, le aziende non solo possono creare un ambiente di lavoro più armonioso, ma anche sfruttare al meglio le competenze e le capacità di ogni individuo, guidando l'organizzazione verso un successo duraturo.

17. Famous Introverts: Esempi di introversi famosi e il loro impatto nella storia.

Gli introversi hanno sempre avuto un ruolo fondamentale nella storia dell'umanità, influenzando vari settori, dalla scienza all'arte, dalla politica alla letteratura. Molti introversi famosi sono riusciti a utilizzare la loro natura riflessiva e analitica come un vantaggio, portando idee innovative e visioni profonde nelle loro rispettive discipline. Ecco alcuni introversi notevoli e il loro impatto storico:

1. **Albert Einstein**: Uno dei più grandi fisici di tutti i tempi, Einstein è meglio conosciuto per la sua teoria della relatività. Nonostante fosse brillante, preferiva spesso il silenzio e la solitudine per le sue riflessioni. Ha una volta affermato: "La solitudine e il silenzio conducono ad un libero pensiero, creando novità".

2. **Isaac Newton**: Altro gigante nel campo della fisica e della matematica, Newton ha passato molte ore da solo, il che ha contribuito alle sue scoperte rivoluzionarie sulla gravità e le leggi del movimento.

3. **Bill Gates**: Co-fondatore di Microsoft e filantropo, Gates ha spesso parlato della sua natura introvertita e di come ciò l'abbia aiutato a concentrarsi e a immergersi nel mondo della programmazione durante la sua giovinezza.

4. **J.K. Rowling**: L'autrice della famosa serie "Harry Potter" ha spesso descritto se stessa come introversa. La sua capacità di creare mondi intricati e personaggi complessi potrebbe essere stata influenzata dalla sua natura riflessiva.

5. **Warren Buffet**: Considerato uno dei più grandi investitori di tutti i tempi, Buffet è noto per il suo approccio ponderato e analitico agli investimenti, un tratto che attribuisce alla sua introversione.

6. **Rosa Parks**: La sua azione silenziosa ma potente di rifiutarsi di cedere il posto su un autobus ha innescato il movimento per i diritti civili negli Stati Uniti. Nonostante fosse riservata, la sua determinazione ha avuto un impatto enorme sulla storia.

7. **Leonardo da Vinci**: Polimata rinascimentale, da Vinci era pittore, inventore e scienziato. La sua profondità di pensiero e curiosità potrebbe essere attribuita alla sua natura introvertita.

8. **Steve Wozniak**: Co-fondatore di Apple, Wozniak ha spesso descritto come il suo lavoro

migliore è stato fatto da solo. La sua capacità di concentrarsi intensamente ha aiutato a creare alcuni dei primi computer personali.

9. **Frederic Chopin**: Uno dei più grandi compositori e pianisti, Chopin era noto per le sue esibizioni intime e le sue composizioni emotive, spesso riflettendo la sua natura introvertita.

10. **Charles Darwin**: La sua teoria dell'evoluzione ha rivoluzionato la biologia. Darwin ha passato anni in solitudine, osservando e riflettendo sulla natura, il che ha portato alla sua opera "L'origine delle specie".

Questi individui sono la prova vivente che la natura introvertita non è un ostacolo al successo o all'influenza. Al contrario, può effettivamente potenziare una profonda comprensione, un pensiero innovativo e una visione unica del mondo. La loro eredità dimostra che, indipendentemente dalla personalità, ognuno ha il potenziale per lasciare un segno indelebile nella storia.

Se esaminiamo ulteriormente il panorama storico e contemporaneo, troviamo una moltitudine di altre figure introverse che hanno lasciato un segno in diversi ambiti. Questa inclinazione all'introspezione, all'osservazione dettagliata e alla profondità di pensiero ha permesso a molti di questi individui di raggiungere vertici inimmaginabili nelle loro rispettive discipline.

Barack Obama, 44° presidente degli Stati Uniti, ha frequentemente riconosciuto la sua natura introvertita, sottolineando come la riflessione solitaria lo abbia aiutato a prendere decisioni ponderate durante il suo mandato. La sua capacità di ascoltare attivamente, qualità spesso associata agli introversi, gli ha permesso di connettersi con un'ampia varietà di individui.

Nel mondo della letteratura, **George Orwell**, autore di "1984" e "La fattoria degli animali", era noto per la sua osservazione acuta delle dinamiche sociali e politiche. Molte delle sue intuizioni sono derivate dalla sua capacità di riflettere profondamente sulla natura umana e sulla società.

Un altro esempio è **Mark Zuckerberg**, fondatore di Facebook. Pur essendo il cervello dietro la più grande piattaforma di social media al mondo, Zuckerberg è frequentemente descritto come introverso. La sua visione di creare una piattaforma che connette le persone potrebbe derivare dalla sua comprensione introversa di cercare connessioni significative.

Nel mondo del cinema, **Steven Spielberg**, uno dei più grandi registi di tutti i tempi, ha spesso parlato di come la sua introversione lo abbia aiutato a vedere il mondo attraverso una lente unica, portando a film che sono sia visivamente impressionanti che emotivamente profondi.

Meryl Streep, una delle attrici più premiate e rispettate, ha condiviso in diverse interviste di identificarsi come introversa. La sua profondità emotiva e la capacità di immergersi completamente nei suoi personaggi potrebbero essere influenzate dalla sua natura riflessiva.

Eleanor Roosevelt, attivista e ex First Lady degli Stati Uniti, benché introvertita, ha lottato per i diritti umani e le questioni sociali. La sua natura contemplativa non le ha impedito di essere una voce potente per i meno fortunati.

Infine, **Mahatma Gandhi**, leader del movimento di indipendenza indiano, era noto per i suoi periodi di silenzio e meditazione. La sua filosofia della non-violenza e la sua capacità di mobilitare masse derivavano dalla sua profonda introspezione e dalla sua fede nelle virtù della pazienza e della riflessione.

Il filo conduttore tra tutti questi individui è che, pur essendo introvertiti, hanno riconosciuto e abbracciato i loro tratti unici, utilizzandoli come forze motrici per innovazione, creatività e cambiamento. Essi sono la prova che la quiete e la riflessione possono effettivamente fare rumore, influenzando generazioni e plasmando il corso della storia.

Proseguendo nell'analisi degli introversi che hanno influenzato il mondo in maniera significativa, possiamo esplorare ulteriormente individui da varie sfere della vita e del lavoro.

Nel mondo della musica, la leggendaria figura **Leonard Cohen** era conosciuta per la sua introversione. Le sue canzoni, cariche di introspezione e profondità emotiva, riflettevano spesso un'osservazione acuta dell'esperienza umana. Il suo stile, che combinava poesia e musica, ha reso le sue canzoni delle vere e proprie meditazioni sulla vita, sull'amore e sulla spiritualità.

Passando alla scienza, **Isaac Newton** è spesso descritto come uno degli scienziati più introvertiti della storia. La sua profonda riflessione e le sue osservazioni dettagliate hanno portato alla formulazione delle leggi del moto e della legge della gravitazione universale. Newton trascorreva ore immerse nel pensiero profondo, lavorando incessantemente alle sue teorie.

Nell'arte, la pittora **Georgia O'Keeffe** è un altro esempio di un talento introvertito. Conosciuta per i suoi dipinti floreali e i paesaggi del New Mexico, O'Keeffe era una persona riservata che preferiva esprimersi attraverso i suoi dipinti piuttosto che con le parole. Le sue opere erano riflessioni profonde della sua interiorità e della sua connessione con la natura.

Nel campo della filosofia, **Immanuel Kant** è uno degli esempi più noti di pensatori introvertiti. La sua "Critica della ragion pura" è un'opera che riflette un'analisi profonda e meticolosa della natura della realtà e della conoscenza. La sua vita era regolata da una routine rigorosa, e trascorreva molte ore al giorno in solitudine, riflettendo sui grandi quesiti della vita.

Bill Gates, co-fondatore di Microsoft, è un altro introverso famoso che ha avuto un impatto significativo nel mondo della tecnologia. Mentre l'immagine stereotipata dell'introverso potrebbe suggerire qualcuno che evita la ribalta, Gates dimostra che un introverso può essere altrettanto capace di leadership e visione. La sua capacità di concentrarsi intensamente e di pensare in profondità ha guidato molte delle innovazioni di Microsoft.

Marie Curie, la pioniera nella ricerca sulla radioattività e due volte vincitrice del premio Nobel, era anche conosciuta per la sua natura introvertita. La sua dedizione e il suo impegno in laboratorio sono stati cruciali per le sue scoperte rivoluzionarie.

J.K. Rowling, autrice della famosa serie "Harry Potter", ha anche parlato della sua introversione. La capacità di Rowling di creare mondi intricati e personaggi dettagliati potrebbe derivare dalla sua inclinazione introvertita per la riflessione e l'immaginazione.

Ogni uno di questi individui, attraverso la loro passione e il loro impegno, ha mostrato che l'introverso può non solo navigare ma prosperare e lasciare un segno indelebile nel tessuto del mondo. Essi rappresentano una varietà di campi e sfaccettature della società, sottolineando che la profondità e la riflessione possono essere potenti motori di cambiamento e innovazione.

Gli introversi hanno spesso giocato ruoli fondamentali nella storia, influenzando la cultura, la scienza, l'arte, la tecnologia e molte altre sfere della vita umana. Analizzando questi individui, possiamo trarre alcune conclusioni significative sull'importanza e l'influenza dell'introverso nella storia e nella società contemporanea.

1. **Diversità di pensiero**: Gli introversi, grazie alla loro tendenza alla riflessione e all'introspettività, possono portare una diversità di pensiero. In un mondo spesso dominato dal rumore e dall'azione rapida, la capacità di fermarsi, riflettere e approfondire può portare a scoperte e intuizioni uniche.

2. **Dedizione alla maestria**: Come dimostrato da figure come Isaac Newton o Marie Curie, gli introversi spesso dedicano una quantità significativa di tempo e energia alla maestria nel loro campo. Questa profonda immersione può

portare a scoperte rivoluzionarie o opere d'arte che influenzano intere generazioni.

3. **Capacità di connessione profonda**: Sebbene possano evitare grandi folle o interazioni superficiali, gli introversi sono spesso capaci di formare connessioni profonde e significative, sia con le persone che con i concetti. Questo può essere visto nell'opera di J.K. Rowling, che ha creato un universo letterario che ha toccato il cuore di milioni.

4. **Risilienza**: Affrontare un mondo che spesso celebra e premia l'estroversione può essere una sfida per gli introversi. Eppure, molti introversi famosi hanno dimostrato una notevole resilienza, trovando modi per far valere i loro talenti e le loro passioni nonostante le sfide.

5. **Versatilità**: Mentre la società tende a mettere le persone in scatole e a etichettarle, molti introversi famosi hanno dimostrato una notevole versatilità, prosperando in molteplici settori o reinventandosi nel corso della loro carriera.

6. **Contributo silenzioso ma potente**: La storia è ricca di introversi che, sebbene non cercassero necessariamente i riflettori, hanno avuto un impatto duraturo e potente. La loro eredità è una testimonianza del fatto che il volume o la

visibilità non sono sempre indicatori di impatto o successo.

In conclusione, gli introversi nella storia hanno dimostrato che la forza interiore, la riflessione profonda e la passione concentrata possono avere un impatto duraturo. Queste figure rappresentano la potenza dell'introspezione e dell'individualità, sottolineando l'importanza di valorizzare tutti i tipi di personalità nella nostra società. Celebrando e comprendendo gli introversi, possiamo costruire una società più inclusiva e ricca, in cui ogni individuo ha la possibilità di brillare con la propria luce unica.

18. Introversi nell'Arte: Come l'introspezione influisce sulla creatività.

L'introversione ha spesso avuto un impatto profondo sull'arte, influenzando il modo in cui gli artisti vedono il mondo, interpretano le loro emozioni e trasmettono i loro messaggi attraverso vari medium. L'arte è una manifestazione potente dell'interiorità dell'artista e, per molti creativi introversi, è stata un mezzo per esprimere e comunicare ciò che potrebbe altrimenti rimanere nascosto.

Profondità e Riflessione: L'introspezione è una qualità inerente all'introverso. Quando applicata all'arte, questa capacità di guardare in profondità può tradursi in opere che sono stratificate, complesse e ricche di sfumature. L'artista introverso può dedicare tempo a riflettere sul significato più profondo delle cose, portando alla creazione di opere che invitano l'osservatore a fare lo stesso.

Connessione Emotiva: Gli introversi tendono ad avere una ricca vita emotiva interna. Ciò può tradursi in opere d'arte che trasmettono emozioni intense o sottili, creando una forte connessione emotiva con chi le osserva. Questa capacità di evocare sentimenti può rendere l'arte degli introversi particolarmente potente e risonante.

Dettaglio e Osservazione: Gli introversi spesso osservano il mondo con una lente particolarmente attenta. Questo amore per i dettagli può manifestarsi in opere d'arte incredibilmente dettagliate o nella capacità di catturare sfumature che altri potrebbero trascurare.

Espressione del Sé Interiore: L'arte può essere un mezzo per gli introversi di esprimere il loro vero sé in un mondo che spesso premia l'estroversione. Attraverso la pittura, la scrittura, la musica o altre forme d'arte, gli introversi possono comunicare chi sono, come si sentono e come vedono il mondo in modi che potrebbero non essere possibili attraverso la sola interazione sociale.

Modalità di Comunicazione: Per molti introversi, l'arte diventa un canale preferito di comunicazione. Laddove le parole o la presenza fisica potrebbero non riuscire a trasmettere pienamente un messaggio o un sentimento, un'opera d'arte può parlare volumi, permettendo all'introverso di comunicare in modo completo e autentico.

L'Arte come Rifugio: Gli ambienti rumorosi e sovraffollati possono essere opprimenti per gli introversi. Molti trovano rifugio nell'arte, sia come osservatori che come creatori. L'atto di creare può diventare una forma di meditazione o un luogo sicuro in cui ritirarsi e ricaricarsi.

In conclusione, l'introversione ha una profonda influenza sull'arte e sulla creatività. La capacità degli introversi di guardare in profondità, di sentire intensamente e di riflettere sul mondo che li circonda ha portato a innumerevoli opere d'arte che sono state apprezzate e celebrate in tutto il mondo. L'arte crea un ponte tra l'interno silenzioso dell'introverso e il mondo esterno, permettendo una comunicazione che è sia profonda che universale.

L'arte è da sempre stata un riflesso della psiche umana, e per gli introversi, essa diventa spesso un luogo di esplorazione e comprensione di sé. Mentre gli estroversi possono esprimersi facilmente in situazioni sociali, gli introversi tendono a canalizzare le loro emozioni, pensieri e sentimenti attraverso mezzi più sottili e introspezione, e l'arte diventa spesso quella via.

L'influenza dell'ambiente: Gli introversi sono particolarmente sensibili al loro ambiente. La luce, il suono, l'atmosfera e persino le vibrazioni di un luogo possono influenzare profondamente la loro percezione e il loro stato d'animo. Questa sensibilità può tradursi in opere d'arte che catturano l'essenza di un luogo o di un momento, che altri potrebbero trascurare. Questa profonda consapevolezza dell'ambiente può portare a creazioni artistiche che esplorano la relazione tra l'individuo e il mondo che lo circonda.

Temi Ricorrenti: Gli introversi possono avere temi ricorrenti nelle loro opere, che sono spesso legati alla solitudine, alla riflessione, alla natura, al desiderio di connessione e alla complessità della mente umana. Questi temi possono diventare i pilastri delle loro creazioni, permettendo loro di esplorare profondamente aspetti specifici della condizione umana.

Riservatezza e Mistero: Mentre gli estroversi possono mettere tutto in mostra, gli introversi spesso infondono un senso di riservatezza e mistero nelle loro opere. Ciò può manifestarsi attraverso tecniche artistiche sottili, uso di simbolismi, o la scelta di lasciare alcune cose non dette o nascoste, invitando l'osservatore a scavare più in profondità.

La necessità di Autenticità: Gli introversi sono spesso alla ricerca di autenticità nelle loro interazioni e nella loro espressione di sé. Questo desiderio di autenticità può portare a opere d'arte che sono crude, reali e spogliate da falsità o maschere. Essi possono rifiutare di conformarsi alle tendenze popolari, preferendo seguire il loro sentiero unico e autentico.

Innovazione e Sperimentazione: Anche se potrebbero sembrare riservati, molti introversi sono audaci nel loro approccio all'arte. La loro tendenza a riflettere profondamente e a esplorare la propria interiorità può portare a sperimentazioni artistiche, dove vecchie tecniche vengono rivoluzionate o nuovi medium vengono esplorati.

La solitudine come Forza: Mentre la solitudine può essere vista da molti come un tabù o come qualcosa da evitare, per molti introversi essa è una fonte di forza. Questo apprezzamento per la solitudine può manifestarsi in opere d'arte che celebrano la quiete, la pace e la bellezza della solitudine, mostrando che è possibile trovare la contentezza anche nei momenti di isolamento.

L'arte, per gli introversi, non è solo un mezzo di espressione, ma anche di comprensione, di connessione e di cura di sé. Attraverso l'arte, gli introversi possono navigare nelle complessità della loro interiorità, condividendo con il mondo esterno una visione che è profondamente personale e universale allo stesso tempo.

La relazione tra introversi e arte non è soltanto radicata nella creazione, ma anche nel modo in cui essi percepiscono e interpretano l'arte. La loro capacità di introspezione può tradursi in una comprensione più profonda delle opere che osservano o con cui interagiscono, offrendo loro una prospettiva unica e personale.

Connessione Emotiva: Gli introversi tendono ad avere una forte connessione emotiva con le opere d'arte. La capacità di immergersi profondamente nei propri pensieri e sentimenti li rende particolarmente ricettivi alle emozioni che un'opera d'arte può evocare. Questa connessione può spesso essere così intensa da trasportarli in un altro mondo o spingerli a riflettere per ore sulla stessa opera.

L'Arte come Rifugio: Per molti introversi, gallerie d'arte, musei o qualsiasi spazio dedicato all'arte diventa un rifugio. In questi spazi, possono sentirsi liberi di perdersi nei propri pensieri, di riflettere sulla bellezza e la complessità delle opere esposte e di staccare dal tumulto del mondo esterno.

L'importanza del Dettaglio: Gli introversi spesso notano dettagli che possono sfuggire ad altri. Questa attenzione al dettaglio li porta a cogliere sfumature, simbolismi e significati nascosti nelle opere d'arte. Una piccola pennellata, un'ombra particolare o un particolare uso del colore potrebbero raccontare una storia intera per un introverso attento.

L'Arte come Dialogo Silenzioso: Mentre gli estroversi potrebbero godere di discussioni animate sull'arte, gli introversi spesso preferiscono un dialogo silenzioso con l'opera. Attraverso questo dialogo interiore, cercano di comprendere l'intenzione dell'artista, la storia dietro l'opera e il suo impatto personale.

Empatia Artistica: La capacità degli introversi di mettersi nei panni degli altri si estende anche alla loro interazione con l'arte. Possono empatizzare con le emozioni, le sfide e le esperienze dell'artista, dando loro una comprensione più profonda e personale dell'opera.

Meditazione attraverso l'Arte: L'arte può diventare una forma di meditazione per gli introversi. Attraverso la contemplazione di un'opera, possono trovare la pace, centrare la mente e distaccarsi dalle preoccupazioni quotidiane. Questa forma di meditazione artistica può avere effetti terapeutici, aiutando gli introversi a gestire lo stress e l'ansia.

L'Arte come espressione della profondità: Mentre la società potrebbe spesso etichettare gli introversi come "timidi" o "riservati", l'arte offre loro l'opportunità di mostrare la ricchezza e la profondità della loro interiorità. Attraverso la pittura, la scultura, la fotografia o qualsiasi altra forma d'arte, gli introversi possono comunicare complessi intrecci di pensieri, emozioni e idee che potrebbero non essere in grado di esprimere a parole.

In definitiva, l'interazione degli introversi con l'arte va ben oltre la mera osservazione. Essa diventa un viaggio di scoperta di sé, una forma di comunicazione e un mezzo per connettersi con il mondo in modo profondo e significativo.

L'introspezione e la profondità con cui gli introversi affrontano la realtà sono aspetti che trovano una naturale sinergia con il mondo dell'arte. La capacità di affrontare le sfumature, le complessità e i dettagli in un'opera d'arte sottolinea l'importanza del ruolo dell'introverso nell'ambito artistico.

Profondità dell'Esplorazione: Gli introversi tendono ad approfondire. Non si soffermano alla superficie, ma scavano profondamente nelle loro riflessioni, analizzando e rielaborando ciò che vedono e sentono. Questa natura riflessiva si traduce in una capacità di apprezzare l'arte in tutti i suoi strati, comprendendo le molteplici dimensioni di un'opera, sia che si tratti di un dipinto, di una scultura, di una composizione musicale o di una performance teatrale.

Risonanza Emotiva: L'arte, in molte delle sue forme, mira a evocare una risposta emotiva. Gli introversi, con la loro sintonizzazione interiore, sono particolarmente predisposti a connettersi emotivamente con l'arte. La loro capacità di sentirsi profondamente toccati da un'opera d'arte può arricchire la loro esperienza, consentendo loro di trovare significati e connessioni che potrebbero sfuggire ad altri.

Valore del Silenzio: Nell'arte, il silenzio e lo spazio negativo sono tanto cruciali quanto il suono e la forma. Gli introversi, che spesso apprezzano la quiete e la solitudine, sono in grado di valorizzare questi spazi di silenzio nell'arte, riconoscendo l'importanza di ciò che è taciuto o non detto.

Interpretazione Personale: Ogni individuo interpreta l'arte in base alle proprie esperienze e al proprio background. Gli introversi, data la loro natura riflessiva, possono trovare interpretazioni uniche e personali di un'opera d'arte, arricchendo il tessuto culturale e la discussione intorno all'arte stessa.

Un Mezzo di Autocomprensione: L'arte può servire come specchio, riflettendo aspetti del sé. Gli introversi, attraverso la loro interazione con l'arte, possono imparare di più su se stessi, sui loro desideri, paure, aspirazioni e conflitti interni. Questo processo di autoscoperta può essere terapeutico e illuminante, aiutando l'introverso a navigare nella complessità del mondo interno ed esterno.

In conclusione, l'introverso non è semplicemente un osservatore passivo nel mondo dell'arte; è un partecipante attivo, un esploratore, un interprete e, spesso, un creatore. La relazione tra introversi e arte è profonda, complessa e arricchente. Valorizzando e riconoscendo il ruolo unico che gli introversi giocano nell'ambito artistico, possiamo ampliare la nostra comprensione dell'arte stessa e delle molteplici dimensioni della natura umana. L'arte e l'introspezione, insieme, offrono un viaggio di scoperta, riflessione e, infine, illuminazione.

19. Superare la Paura: Tecniche e consigli per gli introversi che vogliono affrontare le loro paure.

Affrontare e superare le paure è una sfida per chiunque, ma per gli introversi, alcuni tipi di paure, come quelle legate alle interazioni sociali o alle situazioni in cui sono al centro dell'attenzione, possono sembrare particolarmente travolgenti. Fortunatamente, esistono tecniche e consigli specifici che possono aiutare gli introversi a superare queste paure e vivere con maggiore fiducia.

1. Riconoscere la Paura: Il primo passo per affrontare qualsiasi paura è riconoscerla. Gli introversi dovrebbero prendere un momento per riflettere su ciò che temono veramente e su come si manifesta quella paura. Questa auto-consapevolezza può essere il primo passo verso la gestione efficace della paura.

2. Esposizione Graduale: Una delle tecniche più efficaci per superare le paure è l'esposizione graduale. Invece di immergersi completamente in una situazione temuta, un introverso può iniziare esponendosi a piccoli livelli di quella situazione e aumentare

gradualmente l'esposizione man mano che si sente più
a suo agio.

3. Tecniche di Respirazione: Quando si è ansiosi o
spaventati, la respirazione può diventare superficiale.
Imparare tecniche di respirazione profonda può
aiutare a calmare il sistema nervoso e a ridurre l'ansia.

4. Visualizzazione Positiva: Prima di affrontare
una situazione temuta, l'introverso può provare a
visualizzare se stesso che gestisce con successo quella
situazione. Questo può rafforzare la fiducia e ridurre
l'ansia.

5. Preparazione: Avere un piano può fare una
grande differenza. Se un introverso teme una certa
situazione, come parlare in pubblico, prepararsi
adeguatamente può aiutare a ridurre l'ansia. Questo
potrebbe includere la pratica, la ricerca o anche solo
l'elaborazione di un piano d'azione mentale.

6. Creare un Ambiente di Supporto: Circondarsi
di amici comprensivi e supportivi può fare una grande
differenza. Queste persone possono offrire
incoraggiamento, consigli e, a volte, una prospettiva
diversa sulla situazione temuta.

7. Mindfulness e Meditazione: Queste tecniche
possono aiutare a calmare la mente e a portare
l'attenzione al momento presente. Quando la mente si

concentra sul qui e ora, può essere più facile gestire e superare le paure.

8. Terapia e Counseling: Se le paure diventano troppo opprimenti, può essere utile cercare l'aiuto di un professionista. Un terapeuta o consigliere può offrire strumenti e tecniche specifiche per aiutare a gestire l'ansia e le paure.

9. Riflessione e Giornalismo: Scrivere su ciò che si teme può offrire chiarezza e perspicacia. Può anche essere un modo per elaborare e superare quelle paure.

10. Autocompassione: È importante che gli introversi ricordino di essere gentili con se stessi. Tutti hanno paure e sfide; non c'è nulla di sbagliato nell'essere introversi o nell'avere determinate paure.

In conclusione, mentre gli introversi possono affrontare sfide uniche quando si tratta di gestire e superare le paure, esistono molte strategie e risorse disponibili per aiutarli in questo viaggio. Attraverso la riflessione, la pratica e, a volte, l'aiuto esterno, gli introversi possono trovare il coraggio e la capacità di affrontare e superare le loro paure, permettendo loro di vivere con maggiore fiducia e gioia.

L'introverso, naturalmente predisposto alla riflessione e all'introspezione, può avvertire certe paure con un'intensità diversa rispetto agli estroversi. Mentre alcuni possono vedere la solitudine come un'opportunità per ricaricarsi, altri potrebbero temere il giudizio altrui o sentirsi sopraffatti in situazioni sociali impreviste. Esaminiamo ulteriori approcci e comprensioni per aiutare gli introversi a navigare in queste acque.

Affrontare l'Autocritica: Uno degli ostacoli più grandi che gli introversi possono incontrare è la propria voce interiore critica. Questa voce può amplificare paure e insicurezze, soprattutto quando si tratta di interagire in contesti sociali. Esercitarsi nel riconoscere questi pensieri autocritici e poi sfidarli o rimpiazzarli con pensieri più positivi e realistici può essere un primo passo cruciale.

Creare un Luogo Sicuro: Avere un luogo sicuro, sia fisicamente che mentalmente, dove gli introversi possono ritirarsi e riflettere, può aiutare a ridurre l'ansia. Questo spazio può essere una stanza tranquilla, un angolo preferito in un parco, o anche un luogo mentale al quale ritornare attraverso tecniche di visualizzazione.

Imparare dalle Esperienze Passate: Guardare indietro alle situazioni in cui si è sentita paura e si è riusciti a superarla può servire come fonte di incoraggiamento. Annotare queste vittorie, indipendentemente da quanto piccole possano sembrare, può servire come promemoria tangibile delle proprie capacità.

Stabilire Confini Chiari: Gli introversi devono imparare ad affermare i propri confini. Questo potrebbe significare dire "no" a certi impegni sociali o limitare il tempo trascorso in situazioni potenzialmente stressanti.

Tecniche di Grounding: Quando l'ansia o la paura si manifestano, tecniche di grounding, come concentrarsi sulle sensazioni fisiche (ad esempio, sentire i piedi sul pavimento o toccare un oggetto), possono aiutare a riconnettersi al momento presente.

Stabilire Piccoli Obiettivi: Impostare obiettivi raggiungibili può aiutare a costruire fiducia. Invece di puntare immediatamente a parlare davanti a una grande folla, ad esempio, si potrebbe iniziare con piccole presentazioni davanti a un gruppo ristretto di persone.

Connettività Digitale: In un'era dominata dalla tecnologia, gli introversi possono sfruttare piattaforme digitali per esprimersi, come blog o podcast. Questi mezzi possono offrire un modo di comunicare e connettersi senza l'immediata pressione delle interazioni faccia a faccia.

Gruppi di Supporto: Esistono gruppi di supporto specifici per persone che lottano con l'ansia sociale. Questi possono offrire un ambiente comprensivo in cui condividere preoccupazioni e imparare da altri che attraversano sfide simili.

Auto-educazione: Comprendere meglio la propria natura introversa attraverso libri, corsi o seminari può fornire preziosi strumenti e tecniche per navigare nel mondo estroverso.

In generale, mentre gli introversi possono avere sfide uniche quando si tratta di affrontare e superare le paure, è importante ricordare che ogni individuo è unico. Quello che funziona per uno potrebbe non funzionare per un altro. La chiave è la sperimentazione, la pazienza e la perseveranza nel trovare ciò che funziona meglio per sé stessi. La bellezza dell'introversione risiede nella profondità delle sue riflessioni, nella sua capacità di connessione interiore e nella sua ricca vita interiore. Con il giusto supporto e comprensione, gli introversi non solo possono superare le loro paure, ma possono anche prosperare in un mondo che spesso sembra dominato da estroversi.

Gli introversi, con la loro natura riflessiva e talvolta riservata, possono trovare sfidante affrontare alcune situazioni che per gli estroversi possono apparire come seconde nature. Tuttavia, ciò che a volte viene percepito come timidezza o riluttanza può anche essere visto come cautela, profondità di pensiero e la capacità di connettersi profondamente con le proprie emozioni e quelle degli altri.

Il Potere del Silenzio: Contrariamente all'opinione popolare, il silenzio non è sempre un segno di insicurezza o di timore. Gli introversi spesso usano il silenzio come un momento per riflettere e formulare pensieri. La società, tuttavia, ha la tendenza a valorizzare la rapidità delle risposte, il che può mettere gli introversi in una posizione di svantaggio in alcune situazioni. Tuttavia, una risposta ponderata e riflessiva può essere molto più potente e significativa di una reazione impulsiva.

Utilizzare la Scrittura come Strumento: La scrittura può essere un mezzo eccellente per gli introversi per esprimere e elaborare le proprie emozioni. Giornali, blog o semplici appunti possono offrire un rifugio sicuro per esplorare e affrontare paure e preoccupazioni. La scrittura offre un ambiente senza giudizio in cui gli introversi possono organizzare i propri pensieri e trovare chiarezza.

Riconoscere i Propri Punti di Forza: Sebbene la società possa spesso enfatizzare l'importanza di essere estroversi, gli introversi hanno una miriade di punti di forza unici. Ad esempio, sono spesso ottimi ascoltatori, dotati di empatia, e hanno la capacità di vedere le sfumature in situazioni complesse. Riconoscere e valorizzare questi tratti può aiutare a costruire autostima e sicurezza.

La Meditazione e la Mindfulness: Queste pratiche possono essere particolarmente utili per gli introversi, permettendo loro di connettersi con il momento presente e ridurre l'ansia o l'overthinking. Attraverso la meditazione, gli introversi possono coltivare una maggiore consapevolezza di sé e imparare a rispondere piuttosto che reagire alle situazioni stressanti.

Cerchi Sociali Ristretti: Gli introversi tendono ad avere cerchi sociali più ristretti, ma con connessioni profonde e significative. Trovare un piccolo gruppo di amici di fiducia con cui condividere preoccupazioni e paure può offrire sostegno e comprensione.

L'Arte come Espressione: Molti introversi trovano conforto nell'esprimersi attraverso le arti, sia che si tratti di pittura, musica, danza o qualsiasi altra forma d'arte. Queste modalità offrono un modo per canalizzare emozioni e paure in qualcosa di tangibile e condivisibile.

Tecnologie e App: Ci sono numerose applicazioni e piattaforme online progettate specificamente per aiutare le persone a gestire l'ansia e le paure. Alcune app offrono tecniche di respirazione, altre forniscono meditazioni guidate o esercizi di visualizzazione.

È essenziale ricordare che, anche se l'introversione può portare con sé certe sfide, porta anche molte qualità preziose e uniche. Valorizzare queste qualità e imparare a navigare in un mondo estroverso con autenticità e fiducia può portare a una maggiore comprensione di sé e a una vita più appagante. Mentre la società può spesso enfatizzare l'importanza di essere socievoli ed estroversi, c'è un profondo valore e significato nel mondo interiore dell'introverso.

Superare le proprie paure, specialmente in un contesto di introversione, è una sfida complessa che richiede una comprensione profonda delle proprie emozioni, una riflessione accurata e l'adozione di strategie adatte al proprio temperamento. Gli introversi, essendo naturalmente riflessivi e inclini all'introspezione, hanno a loro disposizione una serie di risorse interne che possono sfruttare nel processo di superamento delle paure.

Origine delle Paure: È fondamentale riconoscere che la paura non sorge dal nulla. Ha radici, spesso radicate nell'infanzia o in esperienze passate, che possono influenzare il comportamento presente. Gli introversi, grazie alla loro natura contemplativa, sono in una posizione privilegiata per esaminare e riflettere su queste radici, analizzando i contesti e le circostanze che hanno portato a tali paure. Attraverso la comprensione, è possibile avviare un percorso di accettazione e trasformazione.

La Paura come Messaggero: Piuttosto che vedere la paura come un nemico, può essere utile considerarla come un messaggero che porta con sé informazioni preziose. Che cosa sta cercando di comunicare? Quali sono i bisogni o i desideri insoddisfatti che stanno alla base di questa emozione? Rispondere a queste domande può aprire la porta a soluzioni personalizzate e adattate alle esigenze individuali.

Strategie Personalizzate: Non tutte le strategie funzionano allo stesso modo per ogni individuo. Mentre alcuni potrebbero trovare sollievo attraverso la meditazione o la terapia, altri potrebbero beneficiare di tecniche come l'esposizione graduale o la ristrutturazione cognitiva. L'importante è sperimentare e trovare ciò che risuona con la propria individualità.

Supporto Esterno: Anche se gli introversi possono tendere a gestire le sfide internamente, cercare supporto esterno può essere cruciale. Questo può venire da terapeuti, gruppi di supporto, amici fidati o familiari. A volte, parlare delle proprie paure e condividerle con gli altri può attenuare il loro impatto e fornire nuove prospettive su come affrontarle.

Celebrazione dei Piccoli Successi: Ogni passo verso il superamento delle paure, indipendentemente dalle sue dimensioni, è un successo che merita di essere celebrato. Queste celebrazioni non solo rafforzano la fiducia in se stessi, ma servono anche come promemoria dei progressi compiuti.

Evoluzione Continua: La paura, come molte altre emozioni, non è statica. Può evolvere e cambiare nel tempo, e ciò che potrebbe spaventare una persona oggi potrebbe non avere lo stesso effetto in futuro. Riconoscere questa natura mutevole può offrire speranza e motivazione per continuare nel percorso di crescita personale.

In conclusione, mentre gli introversi affrontano sfide uniche nel loro rapporto con la paura, possiedono anche strumenti e risorse interne che possono aiutarli nel loro percorso di superamento. Attraverso la comprensione, l'adattamento e l'adozione di strategie personalizzate, gli introversi possono trasformare le loro paure in opportunità di crescita e auto-scoperta. L'essenza dell'introverso risiede nella profondità della sua riflessione, e con il giusto supporto e le giuste strategie, possono navigare con successo attraverso le sfide della vita e emergere più forti e resilienti.

20. Futuro degli Introversi: Prospettive sul ruolo crescente degli introvertiti nella società del futuro.

Nell'epoca attuale, caratterizzata da rapidi cambiamenti tecnologici e culturali, la dinamica tra introversi ed estroversi sta subendo una notevole evoluzione. La società, che una volta privilegiava quasi esclusivamente l'estroversione, ora sta riconoscendo e valorizzando le qualità uniche e preziose degli introversi. Questo cambiamento ha profonde implicazioni sul ruolo degli introversi nella società del futuro.

Lavoro da Remoto e Digitalizzazione: La crescente adozione del lavoro da remoto e l'ascesa delle piattaforme digitali hanno democratizzato l'accesso a opportunità per molti, compresi gli introversi. Questi cambiamenti hanno permesso agli introversi di lavorare in ambienti che rispettano la loro necessità di spazi tranquilli e di tempi di riflessione, riducendo la pressione di conformarsi a dinamiche lavorative più estroverse.

Riflessione e Pensiero Profondo: Nell'era dell'informazione, la capacità di approfondire, analizzare e riflettere diventerà sempre più preziosa. Gli introversi, con la loro predisposizione naturale all'introspezione e alla contemplazione, saranno in una posizione vantaggiosa per offrire insight profondi e soluzioni ben ponderate.

Educazione Personalizzata: Con l'avvento dell'apprendimento online e dei percorsi educativi personalizzati, gli studenti introversi avranno maggiori opportunità di apprendere in modi che rispettano e valorizzano il loro stile. Questo potrebbe portare a un aumento della creatività e dell'innovazione nel campo dell'educazione.

Salute Mentale e Benessere: Man mano che la consapevolezza e la comprensione della salute mentale crescono, le esigenze e le sfide uniche degli introversi saranno meglio comprese e affrontate. Servizi e risorse dedicati potrebbero emergere per supportare la salute mentale degli introversi.

Leadership Riflessiva: Mentre la definizione tradizionale di leadership potrebbe evocare immagini di figure carismatiche ed estroverse, sta emergendo una nuova comprensione della leadership come ascolto attivo, empatia e visione. Gli introversi, con la loro capacità di ascolto e riflessione, possono emergere come leader efficaci in questa nuova era.

Tecnologia e Social Media: Se da un lato la tecnologia e i social media hanno offerto agli introversi nuove modalità di espressione e connessione, d'altro canto potrebbero anche presentare sfide uniche. Gli introversi potrebbero guidare la ricerca di soluzioni tecnologiche che promuovano interazioni autentiche e significative, al di là della semplice connessione superficiale.

In conclusione, mentre il futuro è, per sua natura, incerto, è chiaro che gli introversi avranno un ruolo sempre più rilevante e influente nella configurazione della società del domani. Attraverso l'adattamento e l'innovazione, e sfruttando le loro qualità innate, gli introversi possono guidare il cambiamento in molti settori, offrendo una prospettiva unica e preziosa in un mondo in rapida evoluzione.

Ambienti Urbani e Pianificazione della Comunità: Con l'urbanizzazione in aumento, le città stanno diventando sempre più affollate e rumorose. Tuttavia, c'è una crescente consapevolezza dell'importanza di creare spazi urbani che rispettino e valorizzino le esigenze di tutti, compresi gli introversi. L'introduzione di parchi tranquilli, angoli di riflessione e aree dedicate alla meditazione nelle metropoli potrebbe diventare una tendenza, offrendo agli introversi luoghi dove possono rigenerarsi.

Economia e Consumismo: Il modello tradizionale di consumismo spesso valorizza l'estroversione attraverso la promozione di esperienze sociali come lo shopping nei centri commerciali o la partecipazione a grandi eventi. Tuttavia, con la crescente consapevolezza delle esigenze degli introversi, potremmo assistere a una maggiore offerta di prodotti e servizi che si rivolgono specificamente a loro, come esperienze di shopping più personalizzate o ritiri tranquilli.

Movimenti Sociali e Politici: Mentre gli estroversi sono spesso visti come i protagonisti dei movimenti sociali a causa della loro visibilità e carisma, gli introversi giocano un ruolo cruciale dietro le quinte, fornendo riflessione strategica e una profondità di analisi. In futuro, potremmo vedere più introversi emergere come leader silenziosi, influenzando cambiamenti significativi attraverso una combinazione di introspezione e azione.

Viaggi e Turismo: Il settore del turismo ha spesso enfatizzato esperienze sociali e avventurose. Tuttavia, c'è una crescente domanda di esperienze di viaggio introspettive, come ritiri di meditazione, tour letterari o viaggi focalizzati sulla natura. Le industrie del viaggio potrebbero iniziare a creare pacchetti specifici per coloro che cercano la solitudine e la riflessione.

Cinema e Intrattenimento: Mentre molte storie popolari si concentrano su personaggi estroversi e avventurosi, c'è uno spazio crescente per narrazioni che esplorano la vita interiore, i pensieri e i sentimenti degli introversi. Potremmo assistere all'emergere di film, libri e programmi televisivi che mettono in luce le sfide e i trionfi degli introversi.

Moda e Stile: La moda ha tradizionalmente celebrato l'audacia e la visibilità. Ma con una maggiore comprensione della diversità di personalità, potrebbe esserci una tendenza verso stili che riflettono la natura riflessiva e sottostante degli introversi, privilegiando la comodità, la funzionalità e l'espressione personale.

Ambienti Virtuali: Con la crescente popolarità della realtà virtuale e degli ambienti online, gli introversi potrebbero trovare nuove opportunità per esprimersi e connettersi. Questi spazi offrono un ambiente in cui possono interagire a proprio ritmo, scegliendo quando e come coinvolgersi.

Nel complesso, la società sta diventando sempre più inclusiva e consapevole delle diverse personalità e delle loro esigenze. Gli introversi, con le loro capacità uniche, sono destinati a giocare un ruolo chiave in questa evoluzione, influenzando molteplici settori e aspetti della vita quotidiana.

Ambiente di Lavoro e Uffici del Futuro: Mentre per anni l'ufficio open space ha dominato le configurazioni degli spazi di lavoro, si stanno moltiplicando le voci che sottolineano la necessità di spazi di lavoro più riflessivi e privati, specialmente per gli introversi. In futuro, potremmo vedere più aziende che adottano configurazioni flessibili, offrendo sia spazi aperti per la collaborazione che angoli tranquilli per la riflessione e il lavoro concentrato. Le aziende potrebbero anche adottare tecnologie come la realtà aumentata o la realtà virtuale per creare ambienti di lavoro virtuali, dove gli introversi possono operare in ambienti personalizzati secondo le loro esigenze.

Formazione e Istruzione: L'educazione, soprattutto nelle grandi aule universitarie, ha spesso favorito stili di apprendimento estroversi. Tuttavia, con l'ascesa dell'educazione online e delle piattaforme di apprendimento personalizzate, gli introversi potrebbero trovarsi in una posizione favorevole. L'apprendimento autonomo, i corsi online e gli ambienti di apprendimento virtuali potrebbero diventare la norma, permettendo agli introversi di apprendere a proprio ritmo e in ambienti confortevoli.

Reti e Socializzazione nel Mondo Digitale: Mentre le piattaforme di social media tradizionali come Facebook e Instagram enfatizzano la condivisione pubblica e la visibilità, potremmo assistere all'ascesa di piattaforme che offrono interazioni più intime e riflessive, ideali per gli introversi. Piattaforme che consentono di condividere pensieri profondi, diario personale o conversazioni one-to-one potrebbero diventare più popolari.

Tecnologia e Casa: Con l'avanzare della domotica e degli assistenti virtuali, le case del futuro potrebbero diventare dei veri e propri santuari per gli introversi. Immagina una casa che si adatta alle tue esigenze: luci che si attenuano quando hai bisogno di rilassarti, musica che si avvia quando desideri un sottofondo tranquillo o persino assistenti virtuali che comprendono il tuo umore e agiscono di conseguenza.

Il Ruolo dei Robot e dell'Intelligenza Artificiale: Mentre la tecnologia avanza, l'interazione con robot e IA potrebbe diventare una parte normale della vita quotidiana. Per gli introversi, queste macchine potrebbero diventare compagni preziosi, offrendo interazioni senza il peso delle aspettative sociali umane.

Sostenibilità e Introversi: Mentre la sostenibilità diventa una priorità crescente, gli introversi, con la loro tendenza a riflettere e ponderare le decisioni, potrebbero emergere come leader nel pensiero sostenibile. La loro natura riflessiva potrebbe spingerli a adottare stili di vita più sostenibili e a sostenere tecnologie e soluzioni che rispettano l'ambiente.

In sintesi, mentre il mondo si evolve e cambia, gli introversi non sono solo destinati a adattarsi, ma anche a prosperare e influenzare la direzione del futuro in molti settori e aspetti della vita.

Il Futuro degli Introversi: Una Riflessione Dettagliata

La percezione e la valorizzazione degli introversi hanno subito un cambiamento radicale nel corso del tempo, e le tendenze attuali suggeriscono che questo cambiamento continuerà a evolversi in modo positivo nel futuro. Questa evoluzione sarà influenzata da vari fattori, tra cui l'avanzamento tecnologico, le dinamiche sociali e le esigenze emergenti del mondo del lavoro e della società in generale.

Innanzitutto, la crescente comprensione della neurodiversità e delle differenze individuali sta portando a una maggiore accettazione delle varie modalità di funzionamento e di espressione. Questo significa che gli introversi, invece di essere spinti a conformarsi a modelli estroversi, saranno più probabilmente riconosciuti e apprezzati per i loro punti di forza unici. Le abilità tipiche di molti introversi, come l'ascolto profondo, la riflessione e la capacità di lavorare in modo autonomo, saranno particolarmente preziose in un mondo che si muove rapidamente e in cui la capacità di pensare in modo critico è fondamentale.

La tecnologia avrà un ruolo cruciale nel plasmare il futuro degli introversi. L'ascesa del lavoro remoto e delle piattaforme digitali offre agli introversi opportunità senza precedenti. Lavorare da casa o in ambienti più controllati, lontano dall'agitazione degli uffici open space, può migliorare la produttività e il benessere degli introversi. Inoltre, la crescente prevalenza di piattaforme di comunicazione digitale offre modalità di interazione alternative che possono essere più comode per coloro che preferiscono riflettere prima di rispondere o che trovano meno stressante la comunicazione scritta rispetto a quella verbale.

D'altro canto, la continua espansione dei social media e l'enfasi sulla condivisione e l'esposizione pubblica potrebbero rappresentare sfide per gli introversi. Tuttavia, l'emergere di piattaforme di nicchia che enfatizzano connessioni più autentiche e profonde potrebbe offrire spazi in cui gli introversi possono prosperare e condividere in modi che rispecchiano la loro autenticità.

Dal punto di vista lavorativo, la spinta verso l'innovazione e la creatività potrebbe vedere gli introversi emergere come leader silenziosi. In un mondo affollato di informazioni, la capacità degli introversi di soffermarsi, riflettere e approfondire potrebbe diventare un vantaggio distintivo.

Infine, la società del futuro avrà bisogno di equilibrio. Con tutte le sfide globali che ci aspettano, dalla sostenibilità all'integrazione tecnologica nella vita quotidiana, la profondità e la riflessività degli

introversi saranno risorse essenziali. L'abilità degli
introversi di guardare oltre il rumore, di riflettere su
problemi complessi e di proporre soluzioni ponderate
sarà di inestimabile valore.

In conclusione, mentre gli introversi hanno affrontato
sfide in un mondo tradizionalmente orientato verso gli
estroversi, il futuro sembra luminoso. Le tendenze
emergenti, sostenute da cambiamenti tecnologici e
culturali, suggeriscono un mondo in cui gli introversi
non solo saranno accettati ma saranno visti come
essenziali per plasmare un futuro equilibrato, riflessivo
e sostenibile.

Conclusione: L'Introverso nel Mondo Moderno

In questo viaggio attraverso il mondo degli introversi, abbiamo esplorato vari aspetti della personalità introversa e come questa si manifesta e interagisce con il mondo esterno. Abbiamo esaminato:

1. **Definizione e Caratteristiche:** Comprendere gli introversi significa andare oltre i miti e riconoscere che l'introspezione non è sinonimo di timidezza o isolamento.

2. **Storia e Società:** La percezione degli introversi è cambiata nel tempo, con una maggiore accettazione nella società moderna.

3. **Ambiente Lavorativo:** La valorizzazione degli introversi nel mondo professionale può portare a team più equilibrati e produttivi.

4. **Educazione:** Gli approcci educativi che considerano le esigenze degli introversi possono favorire un apprendimento più profondo.

5. **Estroversione e Introverso:** La sinergia tra queste due personalità può portare a risultati sorprendenti.

6. **Cultura:** Le diverse culture hanno diverse percezioni e valutazioni degli introversi.

7. **Relazioni Amorose:** Le dinamiche tra partner con diverse personalità possono essere complesse ma anche arricchenti.

8. **Parenting:** Educare un bambino introverso richiede comprensione e supporto.

9. **Salute e Benessere:** Gli introversi hanno esigenze specifiche per mantenere il loro equilibrio interiore.

10. **Tecnologia:** La tecnologia offre sia sfide che opportunità per gli introversi.

11. **Business:** Le aziende moderne stanno iniziando a riconoscere il valore degli introversi.

12. **Introversi Famosi:** Molte figure storiche e contemporanee dimostrano il potenziale degli introversi.

13. **Arte:** L'introspezione può essere una fonte inestimabile di creatività.

14. **Superare le Paure:** Con le giuste strategie, gli introversi possono affrontare e superare le loro ansie.

15. **Il Futuro:** Gli introversi hanno un ruolo cruciale da giocare nella società del futuro.

Se desideri approfondire ulteriormente l'argomento, ecco alcune risorse utili:

- **Siti Web:**

  - Quiet Revolution - Un sito dedicato agli introversi, fondato da Susan Cain, autrice del libro "Quiet".

  - Introvert, Dear - Una comunità per introversi e persone altamente sensibili.

- **Libri:**

  - "Quiet: The Power of Introverts in a World That Can't Stop Talking" di Susan Cain.

  - "The Introvert Advantage: How Quiet People Can Thrive in an Extrovert World" di Marti Olsen Laney.

- **Podcast:**

  - "The Introvert's Guide to..." - Un podcast che affronta una varietà di argomenti attraverso l'ottica dell'introverso.

Grazie per aver intrapreso questo viaggio con noi attraverso il mondo degli introversi. Speriamo che le informazioni fornite ti siano state utili e ti abbiano offerto nuove prospettive. Ricorda sempre che essere introverso è una forza, e c'è un grande potenziale in ognuno di noi, indipendentemente da dove ci troviamo nello spettro introvertito-estroverso.